DIRE FARE SVEZZARE

AUTOSVEZZAMENTO

dalla A alla Z

Alessandra Durante

Alla pazienza delle mamme

SOMMARIO

PREMESSA

Questo libro non sostituisce in nessun modo il ruolo del pediatra e dei medici di riferimento.

Si tratta di un racconto da mamma a mamma che raccoglie quanto contenuto in documenti ufficiali e scientifici e lo concilia con la parte più emotiva e gli aspetti psicologici che coinvolgono un genitore nella fase dello svezzamento.

Il pediatra e il nutrizionista rimangono le uniche figure ufficiali per avere consigli e indicazioni che siano specifiche per il proprio bambino e per la propria situazione personale e quasi mai uniformabile a quella di chiunque altro.

Questo volume non è un documento scientifico, pur prendendo come riferimento le fonti ufficiali e non ha basi mediche. Si tratta semplicemente di quello che avrei voluto leggere quando svezzavo i miei bambini, di quel confronto, di quella carezza che spesso una mamma cerca. Di quello scambio di chiacchiere che rassicura e che ci fa sentire meno sole. Di quello che cercavo e che non ho mai trovato nei testi già scritti.

Per questo l'ho scritto io.

LA MIA STORIA

Odio cucinare. E non amo neppure mangiare. O meglio, non è una mia priorità, non lo è mai stata. Finché la faccenda ha riguardato solo me devo dire che ho sempre trovato un equilibrio. Poi sono rimasta incinta e le cose sono cambiate.

Mentre aspettavo Lavinia, mia mamma ha cominciato a raccontarmi quello che le avevo fatto passare sull'argomento "cibo". Ne parlava sempre, ogni volta che qualcuno le faceva notare che mangiavo troppo poco. Però sentirselo ripetere con una bimba in arrivo e con la consapevolezza che di lì a poco sarebbe toccato a me affrontare quell'esperienza, è stato ben diverso.

Il racconto andava più o meno così: aveva iniziato ad allattarmi, quando ancora era tassativo che un bambino tenesse 3 ore tra una poppata e l'altra, e io piangevo disperata. Mi riempivano di tisane e camomilla per cercare di far passare quelle 3 interminabili ore. Ma io continuavo a piangere, incessantemente, tanto che non si capiva più se piangessi per fame, per il mal di pancia o chissà per cos'altro.
Così ha smesso di allattarmi ed è passata al biberon, stressata dalle doppie pesate, da una bambina che al posto che aumentare diminuiva proprio dopo aver mangiato, da quantità che non poteva controllare e monitorare, lei, attenta alle tabelle e ai grafici che i pediatri amavano e amano tuttora consegnare.
E io piangevo lo stesso. Non finivo mai la quantità consigliata ma poi avevo fame ancora e molto prima delle 3 ore previste dal ruolino di marcia.

Ovviamente quando poi finalmente siamo passati alla pappa…tragedia! Non aprivo la bocca, rifiutavo qualsiasi cosa, quando vagamente davo l'impressione di mangiare un boccone mai e poi mai mi sognavo di finire l'intero piatto. Provavano a farmi giocare, a farmi imboccare da chiunque passasse nei paraggi…chissà, magari la novità. Sì, qualche miglioramento temporaneo c'era, ma durava il tempo di un pasto per poi tornare a quella che probabilmente per me era la normalità ma per le tabelle del pediatra era inconcepibile e per i miei genitori era l'allarme che qualcosa non stesse andando come avrebbe dovuto, o come gli avevano detto che sarebbe dovuto andare.

Eppure, se glielo chiedi, se chiedi a mia mamma che bambina ero, ti dirà senza dubbio "vivace, sempre in movimento, allegra, curiosa, brillante".
Non sono mai stata un gigante, sempre costantemente sottopeso. Ma lo sono tuttora e anche adesso mangio lo stretto indispensabile e, ora che posso finalmente esprimermi con consapevolezza e credibilità, posso assicurarvi che mi basta così.

Insomma, prima che nascesse Lavinia mia mamma aveva messo le cose in chiaro "io la bambina te la curo, però non le dò da mangiare, mi rifiuto. Ho ancora gli incubi di quando ho svezzato te, di quando mi sono svegliata di soprassalto perché ho sognato di averti messa nel forno, ricoperta di riso".

Devo essere sincera: io, ancora adesso, non sopporto quelli che insistono quando lascio qualcosa nel piatto e lo prendono come un affronto, una mancanza di rispetto o una fissa per qualche dieta del momento. Io mangio poco, mi basta il minimo, non sento la necessità di proseguire: per quale motivo dovrei andare oltre la mia personale misura? Non sono capace da sola di capire se è sufficiente oppure no? Per me basta colmare il senso di fame, non ho bisogno di abbuffarmi per gola o per "quantità ritenute corrette". Quando esco a pranzo con altre persone mi accorgo da sola di mangiare poco ma non sono una che si trattiene; io finché ho fame mangio. È solo che un primo e un secondo insieme non li ho mai mangiati in vita mia. Se mangio il primo per il secondo non c'è spazio; a volte se il primo è abbondante non lo finisco. Può essere la cosa più buona e gustosa dell'universo, possono dirmi tutti che ne vale la pena, ma io ho chiuso.
Credo di aver finito la mia prima pizza, senza avanzarla, a 25 anni. E tuttora posso contare sulle dita di una mano le volte in cui, in pizzeria, non ho distribuito fette ad amici e parenti perché non me ne andava più.

Insomma, ascoltavo il racconto terrorizzato di mia mamma ed essendo io la colpevole della storia, ma sapendo che in fin dei conti, pur non avendo mai mangiato un granché, sono sopravvissuta, ho sempre fatto sport, sono sempre stata in forma, non ho mai avuto problemi, nella mia testa pensavo "quello che la bambina vorrà mangiare mangerà, senza ansia".

E tutto questo senza ancora conoscere l'autosvezzamento.

Poi ho cominciato a sentirne parlare al consultorio, mentre facevo il corso di massaggio neonatale. Incuriosita ho cercato qualche informazione in rete. Ammetto di non aver nemmeno approfondito più di tanto. Mi è bastato capirne l'approccio "il bambino mangia quel che c'è e finché gli va". Era fatto per me. Per me che già odio cucinare, figurarsi se mi vedevo spadellare brodini, congelare porzioni, mescolare farine…e poi preparare altro per me e per il papà. Per me che sono disordinata nel cibo, che rispettare tabelle, date, porzioni la vedevo come una forzatura, come un comportamento completamente innaturale che mi sarebbe pesato oltre misura. L'avrei fatto controvoglia e probabilmente la mia bambina l'avrebbe percepito. Sicuramente l'avrei sofferto io, già stanca e affaticata da un allattamento a richiesta decisamente impegnativo.

Non ci ho pensato troppo e mi sono detta "proviamo".
La pediatra non ne sapeva molto. Ho cercato un confronto, ma alla fine della visita mi ha consegnato la tabellina dello svezzamento tradizionale, le istruzioni per l'uso di mia figlia.
Avrei preferito trovare almeno delle vaghe conferme, una disponibilità ad approfondire l'argomento insieme, a darmi qualche indicazione ma alla fine anche avere il percorso classico mi ha rassicurato. Potevo provare e se andava male sapevo perfettamente dove cadere.
Ho tenuto quel foglio a portata di mano per un po' di tempo. Alla fine mi sono completamente dimenticata dove fosse.

Ho allattato esclusivamente fino ai 6 mesi, come raccomandavano di fare. Ho tenuto la bambina vicino a noi mentre mangiavamo fin dalle prime settimane, lasciando che ci guardasse. Le ho passato sulle labbra qualche carotina lessa e qualche patata le prime volte che ha tentato di allungare le braccia verso la tavola e quando ho notato che guardava con molto interesse il gesto che facevamo di portarci alla bocca le cose che avevamo nel piatto. Ho poi provato qualche cucchiaino schiacciato delle stesse cose che preparavo per noi, qualsiasi cosa fosse: il riso, le lenticchie, la polenta con il brasato.

Nel frattempo, continuavo ad allattarla, come se nulla fosse cambiato. Piano piano quegli assaggi sono diventati sempre più consistenti, fino a quando anche io sono stata pronta a proporle cibo e proseguire fino a quando fosse stata lei a dire basta. A fidarmi delle sue indicazioni. In fin dei conti era quello che avevo sempre fatto con l'allattamento: ascoltavo le sue richieste e le seguivo.

Eppure, chissà per quale motivo, sulla pappa sentiamo la necessità di un controllo maggiore, di non fidarci della richiesta del nostro bambino, come se nel passaggio dal latte al cibo solido avesse perso l'istinto che l'ha guidato e fatto crescere per 6 lunghi e intensissimi mesi. Con il latte sa autoregolarsi e con la pappa per quale motivo non dovrebbe? Forse il sapore nuovo, la curiosità. Ma non ne sono così convinta. Per i bambini, soprattutto così piccoli, la fame è istinto. Mangiano se hanno fame, se no, no. È abbastanza semplice, è abbastanza naturale, è quello che fanno tutti i cuccioli di qualunque specie. Ma a noi piace trovare le regole, le tabelle, le curve di crescita e complicarci la vita.

Molto gradualmente questi primi assaggi disordinati e un po' trattenuti, da parte mia almeno, si sono strutturati in pasti. Senza rispettare rituali. Se prima le proponevo qualche cucchiaino di verdura schiacciata, poi ho iniziato a darle anche un po' di pastasciutta sminuzzata e poi la ricottina.

La prima vera sostituzione di pasto è arrivata forse 3/4 settimane dopo il primo assaggio (quasi intorno ai 7 mesi). Non abbiamo mai sostituito completamente di colpo una poppata con la pappa, come invece avviene nello svezzamento tradizionale.

A poco meno di 8 mesi, io ho ripreso a lavorare e Lavinia ha iniziato il nido. Abbiamo dato indicazioni alle educatrici affinché la bambina mangiasse il menu dei bambini più grandi, frullando esclusivamente i cibi più difficili da masticare (la carne ad esempio) e schiacciando o tagliando a pezzettini piccoli gli altri, per aiutarla ad approcciarsi lentamente e senza difficoltà ai nuovi pasti.

Insomma, diciamo che non ci siamo nemmeno accorte di questo passaggio. È stato così graduale, sia per me che per Lavinia, che è sembrato tutto profondamente naturale. Ben lontano dai racconti di mia mamma e da quello che sentivo dire da molte altre mamme, alle prese con brodini, con quantità, con numeri. Le stesse cose che io ho sempre odiato su di me. Mi sembrava quasi di capirli quei bambini, in certi momenti mi sentivo perfino solidale con loro.

E la nonna, così in ansia prima di iniziare, così ferma e irremovibile nel suo diktat che recitava "io non le darò mai da mangiare", era tutta contenta di poterla riempire delle cose salutari che piaceva mangiare anche a lei (e che, per dovere di cronaca, io non ho mai sopportato). Finalmente una compagna di scorpacciate di verdure, cereali integrali, yogurt greco.
"Perché questo autosvezzamento non esisteva quando eri piccola tu?" continuava a ripetermi. "Perché mi facevano preparare quelle farine insapori e di una consistenza terribile…una volta troppo liquide, una volta con i grumi, una volta troppo collose? Che poi tu non le mangiavi e le dovevamo buttare perché nemmeno tuo padre le sopportava" (n.b. mio papà mangia notoriamente tutto, perfino la frutta ammuffita per capirci).
"Adesso che ci penso quando mi sono arresa e al posto che darti le pappe ti lasciavo su un tavolino basso un piattino con un mix di cibi tipo formaggino, prosciutto, patata lessa, un po' di pasta, qualche pomodorino – quello che mia nonna aveva ribattezzato il "piatto misto", che io mi preparo tuttora, a 35 anni – hai cominciato a mangiare; non tanto eh, capiamoci…gradivi comunque poco, però qualcosa assaggiavi e anche io riuscivo a finire un pasto con calma, senza l'ansia di incollarti ad una sedia e pregare di riuscire a farti ingurgitare qualcosa".

Ecco, è tutta qui la spiegazione. Non c'è nient'altro. Non ci sono segreti, non ci sono formule, non ci sono trucchi. Bisogna solo capire se questo è quello che fa per sé e per il proprio bambino.

Ho provato a leggere qualcosa, qua e là, per migliorare, per capire sé stessi andando bene o se stessi sbagliando qualcosa. Ho sempre e solo trovato libri e documenti scritti da pediatri o da papà che reinterpretavano l'esperienza con il classico distacco medico o almeno senza la stessa componente emotiva di una mamma.

Quello che cercavo io non era la spiegazione teorico/scientifica, quella l'avevo capita. Non cercavo nemmeno una guida passo passo, quella che già so che i bambini di solito non seguono, gettando mamme diligenti nello sconforto.

Cercavo il punto di vista di una mamma che ci era passata, che aveva fallito, che le aveva tentate tutte, che aveva fallito di nuovo, che aveva trovato la chiave giusta, che si era fatta mille domande, che era stata assalita dai dubbi, che aveva vagamente trovato qualche risposta.

Insomma, quel libro non l'ho mai trovato. Mi sarebbe servito. E allora ho deciso che avrei provato a scriverlo io. Senza l'autorevolezza di un saggio scientifico, anche se mi sono documentata. Senza la pretesa di aver capito tutto, il dubbio resta. Con la consapevolezza che ogni bambino e ogni mamma hanno dinamiche a sé e che spesso quello che si cerca non sono ricette magiche ma comprensione e la sensazione di non essere sole quando qualcosa non va come ci dicono che dovrebbe andare.

A

AUTOSVEZZAMENTO O ALIMENTAZIONE COMPLEMENTARE A RICHIESTA

L'**autosvezzamento** o **alimentazione complementare a richiesta** (ACR) potrebbe sembrare l'ultima novità in tema di "mode" che riguardano l'educazione del bambino e le buone pratiche che un genitore non può non conoscere.

In realtà, approfondendo l'argomento, e sperimentandolo di persona, è possibile sostenere che non si tratti assolutamente di una moda ma di un'alternativa che alcuni pediatri offrono ai genitori per il passaggio dalla nutrizione esclusivamente a base di latte a quella solida.

La proposta, tra l'altro, non rappresenta nemmeno una novità nella storia delle tradizioni di allevamento dei bambini: è quello che, a pensarci bene, è sempre stato fatto dalle mamme prima dell'introduzione del cibo specifico per i bambini.

Per cui, più che di una novità, si tratta di una riscoperta, di una nuova verità, di una revisione, questa volta supportata da ricerche scientifiche, di quelli che per secoli sono stati i comportamenti istintivi delle mamme che hanno sempre dato ai propri figli quello che la natura proponeva, rispettando l'istinto del bambino.

Anche nell'autosvezzamento, infatti, si parla di alimentazione **"a richiesta"** perché è il bambino a segnalare il proprio bisogno di cibo, nello stesso modo in cui richiede il latte; questo interesse è facilmente individuabile dai genitori se si permette al bambino di assistere ai pasti a tavola con gli adulti: sarà lui ad osservare e ad allungare le mani o a imitare i movimenti della bocca. Quando inizierà ad afferrare quello che gli viene proposto portandolo alla bocca, buttandolo per terra, annusandolo, spalmandoselo sulla faccia, i genitori capiranno che l'interesse al cibo sta diventando sempre più consapevole. Una volta col cibo ci giocherà, una volta lo manipolerà, una volta lo assaggerà.

Inoltre, non va mai dimenticato, che questo tipo di svezzamento si definisce **"complementare"** perché il latte (materno o in formula) dovrebbe rimanere per il bambino l'alimento principale fino ai 12 mesi. Quindi nessuna paura se il bambino continua a desiderare il latte, a chiedere il biberon più volte al giorno. Anzi, fino all'anno di età sarebbe bene che fosse così. Senza fretta di sostituire un alimento perfettamente adatto al bambino con pasti più ricchi e complessi. Come spiegato nei capitoli successivi, dopo i 6 mesi, diventa indispensabile l'introduzione di cibi diversi dal latte perché le esigenze nutrizionali del bambino cambiano e alcuni nutrienti è necessario integrarli prendendoli da cibi diversi dal latte (soprattutto il ferro). Ma questo non significa che il latte vada drasticamente o sostanzialmente sostituito. Significa, appunto, che va "completato" con altro, rimanendo comunque l'alimento principale della dieta del bambino (e principale significa che se beve più latte di quanto cibo solido assuma va bene così).

Queste non sono indicazioni casuali o "per sentito dire". Sono le linee guida ufficiali trasmesse dall'Organizzazione Mondiale della Sanità e dall'Unicef, organismi che raccolgono e analizzano i dati di milioni di bambini del mondo, in diversi Paesi, con caratteristiche fisiche uniche e che vivono in contesti sociali, culturali e ambientali molto differenti.
Chiaramente si sta parlando di bambini nati a termine, senza patologie e che hanno una crescita costante.

In Italia, il pediatra che ha dato voce all'autosvezzamento è stato Lucio Piermarini, autore del libro "Io mi svezzo da solo!" scritto nel 2008.
In realtà, scritti e ricerche internazionali stavano già andando verso questa direzione da tempo.

Nel nostro Paese il substrato su cui queste teorie andavano a sedimentarsi, però, era ed è tuttora abbastanza ostile: comode tabelle, che semplificano la vita alle mamme e, soprattutto, ai pediatri.
Piatto unico con schemi rigidi e fissi sia sulle quantità, sia sui tempi di

introduzione di nuovi alimenti, sia sul numero di pasti giornalieri. Una media, testata da anni, che si è stabilito andare bene. Ma il problema sta proprio lì, nel fatto che si tratti di una media. Quanti bambini stanno esattamente nella media? Quanti bambini invece si posizionano sopra o sotto questa media?

Le ricerche sostengono che la statura media mondiale sia 165 cm. Ma quante persone sono sopra questa media? E quante sono sotto?

Dare per scontato che tutti i bambini abbiano bisogno delle stesse identiche cose, nello stesso identico momento e che queste cose debbano condurre agli stessi identici risultati in termini di crescita è sicuramente una comodità, si avvicina molto probabilmente alla realtà perché, almeno all'inizio, il ritmo di crescita è tendenzialmente simile per tutti. Ma un bambino non può essere infilato in delle tabelle e consegnato a dei genitori che eseguono diligentemente quanto gli è stato ordinato senza magari sostenerli nella comprensione delle sue caratteristiche e delle probabilità che possa o meno rientrare in quei parametri.

Qualcosa che anche solo la logica, seppure non fosse supportata da studi scientifici e medici, dovrebbe far fatica ad accettare: basti pensare a quante persone conosciamo che si divorano cibo spazzatura e restano perfettamente in forma, a quante mangiano 5 volte al giorno e a quante saltano i pasti senza risentirne nemmeno un po'. A chi mangia un pugnetto di riso e ha energie per un giorno intero e a chi non bastano brasato e polenta ma ha bisogno anche del dessert.

Non si capisce per quale motivo, invece, i bambini dovrebbero obbligatoriamente seguire tabelle specifiche uguali identiche per tutti: maschi o femmine, costituzione mingherlina o robusti, agitati o calmi, figli di Watussi o figli di Pigmei, quelli che dormono 14 ore e quelli che ne dormono 3, quelli che a 10 mesi corrono e quelli che a 16 iniziano timidamente ad alzarsi in piedi. Come è possibile pensare che abbiano tutti bisogno delle stesse quantità, con la stessa frequenza e che questo possa portare agli stessi risultati in termini di peso e altezza?

Ma qual è la posizione sul tema svezzamento negli altri Paesi?
Il principale termine di confronto su questo argomento sono i paesi anglosassoni.

Lì l'autosvezzamento è definito baby-led weaning (letteralmente svezzamento guidato dal bambino) e differisce dall'accezione italiana in particolare nella maniera in cui il cibo viene proposto al bambino.

In Italia si è un po' più "frenati" e "impostati", pretendiamo un'educazione maggiore a tavola, prevediamo l'introduzione delle posate fin dall'inizio, anche solo per gioco, il cibo viene proposto tagliuzzato, sminuzzato.

Nella versione anglosassone, invece, si predilige quasi completamente l'uso delle mani, e il cibo viene proposto nella condizione più naturale possibile (ad esempio la frutta viene tagliata in spicchi e offerta con la buccia) al fine di avvicinare il bambino all'alimento così come esso è, lasciandolo completamente libero di scoprire in totale autonomia come approcciarsi.

Mentre per l'autosvezzamento è contemplata (anzi all'inizio consigliata) la possibilità di imboccare il bambino, nella versione BLW, invece, il piccolo viene lasciato assolutamente libero di sperimentare da sé, senza l'aiuto di un adulto.

Questo è determinato anche da un fattore culturale: noi italiani siamo più portati a dare importanza alla forma, alle regole, al buon gusto mentre gli inglesi sono più disposti a concentrarsi sulla sostanza, a dare spazio all'istinto, all'aspetto più naturale e disinibito, le regole verranno in un secondo momento.

Un aspetto però non secondario che alcuni studiosi del BLW hanno da poco portato all'attenzione è che questo metodo, che lascia alla sola autonomia del bambino la gestione dello svezzamento, potrebbe penalizzare quei bambini che dimostrano uno sviluppo motorio più ritardato rispetto ai coetanei. Questo sviluppo motorio più lento in genere si riscontra anche in altri aspetti, ad esempio sono bambini che iniziano a camminare più tardi o a interagire con meno enfasi.

Alcuni studi rilevano che sebbene la maggior parte dei bambini inizi a prendere con le mani il cibo tra i 4 e i 7 mesi (il 21% a 4-5, il 35% a 5-6 e il 28% a 6-7), c'è una percentuale di bambini che non lo fa prima dei 7-8 mesi. In ogni caso, le ricerche hanno dimostrato che lasciando i bambini liberi di sperimentare, il 40% farà il primo assaggio entro i 6 mesi di età (intorno ai 6 mesi) e ben il 90% lo farà entro gli 8 mesi. Il 10% dei bambini che a 8 mesi non dimostra ancora attrazione verso la manipolazione del cibo e la sua introduzione in bocca va sicuramente stimolato, senza affanno, dai genitori perché a questa età potrebbero effettivamente cominciare a verificarsi carenze nutrizionali importanti (non in termini di quantità ma in termini di qualità dei nutrienti introdotti di cui il latte comincia a non essere più portatore sufficiente).

Quindi se, come afferma l'Organizzazione Mondiale della Sanità (OMS), dai sei mesi di età è importante che nella dieta dei bambini inizino ad apparire i cibi solidi ad integrare il latte, è altrettanto indispensabile capire che se un bambino non fa il primo passo perché non è ancora capace di farlo dal punto di vista dello sviluppo motorio e il genitore non interviene con offerte di cibo, rimanendo completamente estraneo al processo, il bambino potrebbe andare incontro a carenze nutrizionali e riportare delle conseguenze sullo sviluppo complessivo.

Cos'hanno allora in comune i due approcci?

- il momento del pasto deve essere un momento rilassato, guidato dal bambino, dalle sue esigenze e dai suoi interessi, con i tempi stabiliti istintivamente da lui;
- il pasto deve rappresentare un'alimentazione complementare al latte, senza fretta di sostituire completamente e di colpo una poppata con un piatto di pappa.

L'approccio autonomo al cibo espone il bambino a stimoli molto importanti, colori, sapori, odori, consistenze. La maggior parte dei 5 sensi è coinvolta nel momento dell'autonoma alimentazione. E anche la coordinazione mano/occhio e bocca viene allenata.

Probabilmente, come per ogni decisione, l'approccio più corretto sarebbe quello di adottare ciò che è buono del BLW ammorbidendo alcuni estremismi e avvicinandolo all'autosvezzamento, eliminando alcune rigidità proprie di quest'ultimo: da un lato promuovere l'autonomia e il tentativo di cibarsi da soli, favorire la partecipazione ai pasti della famiglia fin dalle prime settimane di vita, anche solo per familiarizzare con odori, rumori e gestualità e, dall'altro lato, ammettere la necessità di aiutare il bambino ad assumere cibo con il cucchiaino, imboccandolo, sminuzzando il cibo per non metterlo eccessivamente in difficoltà e supportandolo nel suo primo vero approccio alla nuova esperienza.

Si sta facendo strada una versione "modificata" del baby-led weaning, il cosiddetto BLISS (Baby-Led Introduction to SolidS) che prevede una formazione specifica ai genitori, un supporto iniziale sull'allattamento, un percorso di consapevolezza sugli incidenti da soffocamento e delle indicazioni guidate su una dieta equilibrata, con particolare attenzione ad elementi spesso non tenuti in considerazione come ferro, zinco, calcio, vitamina C e vitamina B12, importanti per uno sviluppo adeguato dell'organismo in formazione.

Di fatto, qualunque sia la linea adottata, nell'autosvezzamento viene stimolata e valorizzata la "naturale evoluzione dell'alimentazione dei bambini", che vengono gradualmente avvicinati ai cibi, per passare in maniera il più possibile fisiologica, dalla dieta lattea a quella dei piatti da grandi.

A differenza dello svezzamento tradizionale, quindi nell'autosvezzamento:

- non esistono tabelle
- non esistono quantità consigliate
- non esistono tempistiche
- non esistono calendari di introduzione dei cibi

B

BABY FOOD

Per baby food si intende quella gamma di preparati industriali destinati all'alimentazione del neonato, in particolare nella fase dello svezzamento.
Ci rientrano farine, omogeneizzati, liofilizzati, sughi, pastine, biscotti, yogurt, succhi, tisane e tutto quello che viene pubblicizzato come specifico per i bambini, trasmettendo il falso messaggio che il cibo normale non sia adatto allo svezzamento di un bambino.

È chiaramente fondamentale selezionare cibi sani, il più possibile biologici e non trattati chimicamente, meglio ancora se a km 0 e a basso impatto ambientale (per una questione di sostenibilità e di etica che è bene fare propri e insegnare ai propri figli). Ma questo non significa che sia necessario orientarsi verso alimenti "apposta" per i bambini.

In realtà, a partire dal sesto mese di vita l'organismo del lattante e, in particolare, il suo intestino è maturo e sostanzialmente in grado di digerire tutti i nutrienti introdotti con l'alimentazione solida.
Inoltre, se lo svezzamento avviene nei tempi e nei modi corretti, osservando il bambino, rispettando il suo sviluppo neuro-motorio e il suo istinto e proponendogli il cibo nelle forme adeguate, il rischio di soffocamento è praticamente nullo, pur rimanendo necessaria e, anzi, indispensabile, una certa attenzione da parte dell'adulto che non deve mai lasciar mangiare il bambino senza rimanere nei paraggi e pronto ad intervenire (ma questo vale non solo nella fase di svezzamento ma anche negli anni a venire).

Di fatto, il baby food nasce per la pratica scorretta che si è diffusa a partire dagli anni 50, che prevedeva oltre al progressivo abbandono dell'allattamento al seno, uno svezzamento anticipato. Assaggi a 3/4 mesi con la scusa di abituare il bambino al cucchiaino o con l'idea totalmente errata che il latte (soprattutto quello materno) non fosse più sufficiente né come quantità né come qualità o per l'idea, più recente, che l'introduzione anticipata di alcuni alimenti potesse scongiurare il rischio di allergie.

Tutte teorie per la maggior parte smentite o prive di qualsiasi evidenza scientifica o senso logico.

Se lo svezzamento avviene nel rispetto dei tempi e non prima dei 6 mesi, l'intestino del bambino è pronto per ricevere gli alimenti normali e per digerirli senza problemi.

Il latte materno o in formula è perfettamente adatto a soddisfare le sue esigenze fino anche oltre i 6 mesi e l'Organizzazione Mondiale della Sanità lo ritiene l'elemento fondamentale della dieta quotidiana almeno fino ai 12 mesi.

Le allergie sono fattori che dipendono anche da questioni genetiche e di familiarità e a nulla serve anticipare o ritardare l'introduzione di determinati cibi se non ad anticipare o ritardare la comparsa dei sintomi.

Anzi, si è dimostrato che esiste una finestra temporale nella quale è bene introdurre tutti i cibi, compresi quelli tradizionalmente allergizzanti (uova, pomodoro, fragole ecc.) e sono le prime settimane dello svezzamento, tra il sesto e l'ottavo mese.

Infine, un bambino svezzato al momento corretto, non ha bisogno di essere "abituato" al cucchiaino. Sperimenterà il cibo in maniera naturale e giocosa, lo manipolerà e, osservando i propri genitori, ne imiterà piano piano le abitudini, compreso l'utilizzo delle posate.

Gli errori o le superficialità sopra descritte hanno determinato il passaggio da uno svezzamento tardivo, affidato all'esperienza familiare e con alimenti domestici, a svezzare bambini piccolissimi; a questo punto, consapevoli di trovarsi di fronte a un apparato digerente e a un sistema immunitario ancora immaturi, è stato necessario ricorrere ad alimenti speciali ad alta digeribilità, confezionati in maniera sterile e creati apposta a livello industriale, eliminando forzatamente qualsiasi complessità e rendendo il più omogenei possibile i cibi da somministrare ad un organismo non ancora pronto a riceverli; per la stessa ragione si raccomandava un'introduzione graduale dei vari alimenti, per individuare immediatamente il responsabile di eventuali problemi.

Personalmente, il dubbio che molte delle allergie sconosciute in precedenza e così diffuse oggi possa avere una correlazione con uno svezzamento anticipato e con le reazioni eccessive di un intestino immaturo sottoposto a stress e stimoli non adatti, mi viene. Al momento non esistono ricerche che lo dimostrino, ma il pensiero resta.

Tanto che con gli anni si è presa lentamente coscienza dell'inadeguatezza di questa fretta immotivata di sostituire il latte con le pappe (infezioni intestinali, allergie, obesità) e, sotto la spinta di organizzazioni sanitarie nazionali e internazionali (Organizzazione Mondiale della Sanità, Unicef), si è iniziato il cammino inverso, fino alle attuali raccomandazioni di proseguire l'allattamento esclusivo al seno fino a sei mesi e di mantenere il latte come alimento principale della dieta fino ai 12 mesi.

Ovviamente il baby food non è da demonizzare. Le aziende produttrici sono sottoposte a controlli maggiori e i livelli di attenzione sono sicuramente al massimo. La scelta degli ingredienti, il loro trattamento e il confezionamento devono seguire regolamenti molto stringenti.

Inoltre non possiamo negarne la comodità: sono preparati pronti, spesso già suddivisi nelle giuste porzioni, comodi da trasportare anche fuori casa e semplici da utilizzare, senza grandi richieste in termini di preparazione. Quindi, non sono alimenti dannosi; sono studiati appositamente per i bambini e ne rispettano la delicatezza e le necessità.

Dall'altra parte, però, il costo di questi prodotti è obiettivamente molto più elevato dei preparati casalinghi, di tutti gli alimenti per adulti che sarebbero comunque perfetti e rispettosi del bambino e, nutrizionalmente parlando, si tratta di un costo non giustificato e sicuramente evitabile per l'economia familiare.

C

CRESCITA E CURVE DI CRESCITA

Le curve di crescita possono diventare l'incubo di molte mamme.
L'ossessione per una crescita all'interno di parametri e tabelle predefinite genera stress e rientra in quella serie di comportamenti fortemente irrigiditi che la "medicalizzazione" della maternità ha portato.
La verità è che i bambini da manuale, quelli che rispettano quello che i numeri vorrebbero, non esistono. Non sono mai esistiti.

È evidente che è sempre utile avere dei parametri di riferimento che possano indicare la media di un fenomeno per valutare dove ci si posiziona rispetto a quella media. Avere un punto di riferimento è sempre necessario. Questo però tale deve rimanere, un mero indicatore che va poi interpretato alla luce di una serie di altri fattori strettamente personali che riguardano infinite possibili variabili.

Le curve di crescita utilizzate attualmente sono quelle redatte dall'**Organizzazione Mondiale della Sanità** nel 2006, analizzando i dati di circa 8.000 bambini provenienti da 6 Paesi (Brasile, Ghana, India, Norvegia, Oman e Usa), che vivono in condizioni e culture differenti.
Le precedenti curve, utilizzate fino al 2006, risalivano al 1977 ed erano basate su un campione di bambini statunitensi prevalentemente alimentati con latte artificiale (dovrei dirlo a mia madre, che su quelle curve ci ha pianto le notti intere, mentre io urlavo e non crescevo, almeno rispetto a quei numeri).

Il funzionamento è indicativamente il seguente: il totale dei bambini monitorati viene considerato "100". Il numero percentile rappresenta la posizione che il bambino occupa rispetto ad altri 100 bambini della stessa età e dello stesso peso o della stessa altezza. Per esempio, se il bimbo si colloca al 75° percentile nella tabella del peso, significa che, su 100 bambini, ce ne sono 25 che pesano più di lui e 74 con un peso inferiore.

26

Il risultato si ottiene inserendo all'interno delle tabelle dei percentili (a seguire vengono riportate quelle elaborate dall'Organizzazione Mondiale della Sanità) un segno nel punto di incrocio tra l'età in mesi del bambino e il suo peso (tabella del peso) o la sua altezza (tabella dell'altezza) e valutando a quale curva si avvicina di più. Quella è la sua posizione nei percentili, il suo percentile.

Il percentile del peso e il percentile dell'altezza possono anche essere differenti, non è detto che siano uguali. Col tempo, molto probabilmente, troveranno un equilibrio e si assesteranno sullo stesso percentile (ma questo potrebbe anche non succedere mai e la crescita andare comunque bene).

TABELLE PERCENTILI PESO FEMMINE

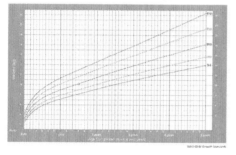

TABELLE PERCENTILI PESO MASCHI

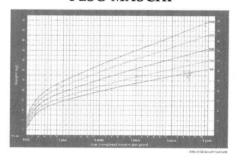

TABELLE PERCENTILI ALTEZZA FEMMINE

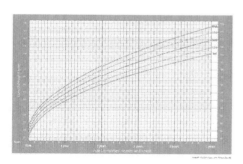

TABELLE PERCENTILI ALTEZZA MASCHI

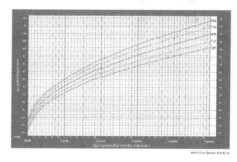

È importante sottolineare che **non esiste un percentile giusto o uno sbagliato**. Non è vero che il 50° percentile è quello perfetto, quello a cui aspirare. Dipende anche dal patrimonio genetico del bambino, da come sono i suoi genitori (da due genitori bassi e magri, difficilmente ci si potrà aspettare un bambino al 97° percentile. Idem il contrario. Da due genitori robusti, sarà difficile avere un bambino anche solo al 50° percentile)[1].

Quello che è importante è che la crescita del bambino sia costante, lungo la sua curva (alta o bassa che sia). Ci saranno sicuramente dei periodi di assestamento; dei periodi in cui magari non crescerà di peso ma crescerà in altezza. Dei periodi in cui sembrerà bloccarsi, soprattutto dopo la crescita abbastanza repentina che caratterizza i primi mesi di vita.
L'elemento principale da tenere in considerazione è la variazione nel tempo della velocità di crescita misurata con questi indici, cioè la variazione dell'inclinazione della curva nel tempo (verso l'alto o verso il basso). Un bambino al 3° o al 97° percentile con una velocità di crescita adeguata a quel percentile potrebbe non aver bisogno di alcun intervento.

Inoltre, quello che va analizzato, oltre ai numeri, è la reattività del bambino. La capacità di reagire agli stimoli, di lasciarsi coinvolgere sempre un po' di più nelle attività quotidiane.

L'OMS sottolinea che è inappropriato decidere di consigliare un'integrazione del latte materno con latte artificiale nel caso di un bambino che a 3 mesi pesi 5 kg, sia cioè sotto il 3° percentile, senza esaminare le variazioni della velocità di crescita nelle settimane precedenti e senza prendere in considerazione altri indicatori dello stato di salute.
Il mio bambino, allattato esclusivamente al seno, tra il secondo e il terzo mese non è cresciuto. Nemmeno di un grammo. Credo di aver ricevuto almeno 2/3 "alert" (definiamoli così per lasciare il beneficio del dubbio. La sensazione è

---

[1] *Per completezza, pur non riportandola, va specificato che esiste anche una tabella riguardante la circonferenza cranica.*
Le tabelle sono riportate in fondo al volume, ad una dimensione maggiore, per un utilizzo personale più semplice.

che se fossi stata meno preparata li avrei considerati dei "diktat") da parte del personale medico sulla possibilità di dare un'aggiunta.

Fortunatamente era il secondo figlio. Avevo già conquistato la tranquillità di una mamma alla seconda esperienza. Vedevo il mio bambino allegro, attivo, brillante. Lo vedevo dormire tranquillo (cosa che tendenzialmente un bambino affamato non fa a meno che ci siano delle patologie o dei deficit particolari che giustamente meritano un approfondimento).

È sempre stato sotto il 25° percentile, a volte ha sfiorato il 10°, dopo una bambina costantemente al 90°.

Mi sono fidata del mio bambino, ancora una volta. Con l'occhio attento di una mamma messa in guardia, ovviamente, evitando di allungare il tempo tra le poppate se per caso ne chiedeva due molto ravvicinate; concedendogli le poppate notturne senza troppi limiti. E così ci siamo naturalmente riassestati. Al terzo mese la crescita è ripartita e al sesto mangiava pasta al sugo.

Il fatto è che **esistono bambini diversi esattamente come esisteranno adulti diversi.** È vero che nei primi mesi e anni di vita lo sviluppo può essere abbastanza simile ma è anche vero che il patrimonio genetico che contraddistinguerà l'adulto che verrà è presente fin dalla nascita. E così come esistono ragazze alte 1.75, che pesano 50 kg e si mangiano buoi a colazione e ciambelle per pranzo, esistono anche donne alte 1.60 che pesano 80 kg e mangiano insalatine nel tentativo di perdere qualche etto.

Purtroppo (o per fortuna) non è solo una questione di cibo.

Esistono bambini che dormono di più e consumano meno, bambini che alla stessa età possono camminare o nemmeno gattonare muovendosi in maniera decisamente diversa e necessitando di apporti calorici differenti.

E poi esistono quelli come me, che non dormivo mai, a 9 mesi camminavo, anzi correvo, e che non mangiavo assolutamente niente (almeno di quanto previsto dalle perfette tabelle dei manuali dei pediatri). E così sono rimasta, anche a 30 anni, bassina, magrissima ma super energica, mi basta un piattino microscopico di pasta per star bene tutto il giorno e se salto il pranzo non sento differenze. Questo non significa assolutamente che queste siano sane abitudini alimentari, significa però che non tutti abbiamo le stesse esigenze, lo stesso istinto nei confronti del cibo, le stesse necessità, lo stesso metabolismo.

Forzare spesso può creare dei problemi peggiori rispetto al rinunciare. Io ad esempio sono traumatizzata da alcune verdure che all'asilo mi costringevano a mangiare altrimenti non potevo alzarmi. Le mandavo giù trattenendo il vomito. E tuttora, a distanza di oltre 30 anni, non oso nemmeno cucinarle ai miei figli talmente non ne sopporto l'odore e la vista.

Forzare non è mai la soluzione giusta. Provare a convincere, continuare a riproporre in tavola, a volte anche "mascherare" in preparati sfiziosi può essere molto più corretto (anche se molti sostengono che i bambini debbano apprezzare il cibo nella sua forma naturale, senza escamotage. Io credo onestamente, come al solito, che non bisogna complicarsi la vita e irrigidirsi su posizioni che la teoria vuole perfette ma la pratica, da mamma che ci ha provato, fa crollare come castelli di carta. La proposta delle zucchine sottoforma di zucchine va certamente sempre fatta, ma se poi le zucchine, qualche volta, le prepariamo insieme all'uovo o le mischiamo nel purè o le frulliamo in una vellutata con le patate, sono convinta che non potranno mai danneggiare l'evoluzione dell'intelligenza del proprio figlio e, anzi, nel frattempo e finché riesco a mentirgli, avrà mangiato qualcosa che gli avrà fatto bene).

In ogni caso, forzare sia in qualità che in quantità non è mai, mai, mai un comportamento da adottare.

In qualità si rischia di creare dei traumi verso certi sapori che magari adesso possono non piacere ma piano piano possono incontrare il cambiamento dei gusti che ogni bambino affronta.
In quantità significa imporre porzioni prestabilite senza permettere al bambino di imparare ad ascoltare il proprio naturale senso di sazietà che è quello che sta alla base di una riduzione del rischio di obesità e della capacità di autoregolarsi e di mangiare solo quello che il proprio organismo richiede.

D

DISOSTRUZIONE

Una delle paure più grandi di una mamma nel passaggio dal latte ai cibi solidi è quella del soffocamento.

La paura è reale, è bene sottolinearlo. Questo permette di mantenere l'attenzione alta. Un bambino che mangia (da solo o imboccato) è un bambino che è in una situazione potenzialmente pericolosa. Quindi non va mai lasciato solo e l'ambiente intorno deve essere organizzato in modo tale da ridurre al minimo qualsiasi rischio.

Mangiare è sempre, a qualsiasi età, una situazione potenzialmente pericolosa. Può bastare davvero poco perché un boccone finisca di traverso. Solo in Italia si registrano 80.000 incidenti l'anno, di cui, quelli imputabili al cibo si attestano tra il 60% e l'80%.

Quindi è importante che chiunque frequenti un **corso di disostruzione** (pediatrica e non) per poter intervenire correttamente nelle situazioni critiche. Sarebbe buona prassi che ogni anno, a scuola, gli studenti frequentassero una lezione di disostruzione perché, come sempre sottolineano nei corsi di primo intervento, nella maggior parte dei casi la vita di chi si trova in difficoltà è nelle mani della persona a lui fisicamente più vicina, quella che può intervenire nel minor tempo possibile.
In caso di soffocamento, in particolare, ci si gioca tutto nei primissimi minuti, tempo in cui un'ambulanza difficilmente riesce a raggiungere il luogo indicato.

È necessario però evitare di creare panico eccessivo, che è assolutamente controproducente.
Anche camminare potrebbe essere pericoloso, espone i bambini ad una serie di rischi; non per questo, però, gli impediamo di farlo.

Dobbiamo semplicemente essere consapevoli dei pericoli, fare di tutto per evitarli ed essere sempre e comunque pronti a gestirli, senza creare uno stato d'ansia che rovinerebbe il momento e creerebbe delle dinamiche negative che potrebbero essere percepite dal bambino e, di conseguenza, rifiutate.

I principali studi sostengono che circa il 99% degli incidenti da soffocamento si risolvono. La maggior parte in autonomia. Un'altra parte richiede l'intervento di una persona estranea o di un medico. Solo l'1% si rivela mortale.

La fascia d'età maggiormente soggetta a incidenti che riguardano il soffocamento è senza dubbio la fascia 0-14 (a dimostrazione che si va ben oltre la fase dello svezzamento). Certamente tra 0 e 3 anni, l'istinto di mettere in bocca oggetti, anche diversi dal cibo, aumenta notevolmente i rischi relativi (*fonte dati SUSY SAFE PROJECT*). Inoltre, proprio in questo periodo, altri fattori sono da tenere in considerazione:

- vie aeree di diametro piccolo e di forma conoide (che si stringono man mano che scendono) fino alla pubertà
- scarsa coordinazione tra masticazione e deglutizione di cibi non liquidi
- dentizione incompleta fino a circa 30 mesi (con l'uscita dei molari che sono gli unici in grado di ridurre il cibo in poltiglia)
- frequenza respiratoria elevata
- tendenza a compiere più azioni contemporaneamente e a distrarsi.

A prescindere dal tipo di svezzamento che si sceglie di perseguire, quando un bambino comincia ad afferrare autonomamente gli oggetti e a spostarsi per casa, è sempre consigliabile che genitori, nonni e chiunque si prenda cura del bambino svolga un corso di disostruzione pediatrica. Il pericolo non è costituito solo dal cibo ma da qualsiasi oggetto che involontariamente entri a portata di mano del bambino.

INCIDENTI DA SOFFOCAMENTO ALIMENTARE

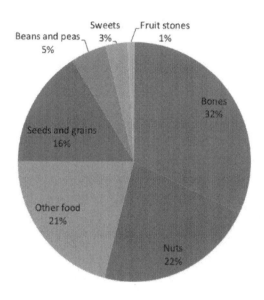

INCIDENTI DA SOFFOCAMENTO NON ALIMENTARE

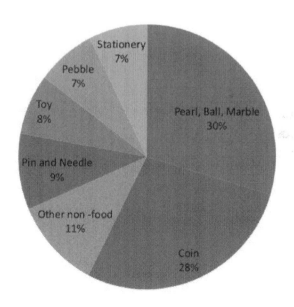

Fonte dati SUSY SAFE PROJECT

In particolare, tra gli elementi più pericolosi in assoluto e più difficili da disostruire si trovano i palloncini. È bene quindi non farsi mai vedere dai bambini mentre si gonfiano portandoli alla bocca (vanno utilizzate le apposite pompette, essendo i palloncini pericolosissimi anche per gli adulti).

Quello che segue è l'elenco degli oggetti più pericolosi in assoluto, sia alimentari che non, sui quali è necessario tenere sempre un occhio di riguardo e, ove possibile, allontanare dalla portata dei bambini:

Fonte SUSY SAFE PROJECT

Focalizzandoci sul cibo, però, gli alimenti che creano più incidenti sono le ossa di pollo e le lische di pesce. In questi casi gli episodi si risolvono facilmente. I wurstel, invece, sono in assoluto i cibi più pericolosi, per la loro forma tonda e la loro consistenza "scivolosa" che potrebbe farli deglutire prima che sia terminata la completa masticazione e "appiccicosa" che li farebbe adattare alle vie aeree e renderebbe difficile la disostruzione.

Per affrontare con serenità il momento dello svezzamento, però, basta mettere in atto i seguenti suggerimenti che non possono mai dare la garanzia assoluta che non succederà nulla, ma sono la base per ridurre notevolmente il pericolo e per gestirlo con consapevolezza:

- **i bambini devono mangiare seduti** (saltare, camminare, inciampare sono tutti elementi che aumentano il rischio di deglutire cibo non ancora sminuzzato adeguatamente e che potrebbe bloccare le vie aeree);
- per lo stesso motivo **i bambini non devono mangiare in automobile** (una frenata, una buca, una manovra più brusca potrebbero fargli andare di traverso il boccone. È successo a me personalmente con una caramella. Ero ormai grande ma me lo ricordo come un incubo: ero in auto con un'amica e i suoi genitori. Ho sempre sofferto il mal d'auto e le cicche e le caramelle mi davano sollievo. Ne stavo succhiando una, piccolina. Un sobbalzo dell'auto e la caramella finisce in gola e si appiccica alle pareti. Non riuscivo a farla né salire, né scendere. Fortunatamente non ostruiva completamente lo spazio ma nemmeno la tosse la staccava. Il fastidio mi ha provocato un piccolo rigurgito e la caramella è uscita ma che spavento!);
- **i bambini non devono mai essere lasciati soli mentre mangiano o bevono** qualcosa perché, in caso di incidente, è necessario intervenire immediatamente;
- **non guardare la tv mentre si mangia**: è sicuramente una comodità, ma un bambino per il quale non è ancora possibile dare per scontata una perfetta coordinazione muscolare e cognitiva è bene che resti concentrato su quello che sta facendo, che si impegni a gestire il suo boccone, senza distrazioni di nessun genere;
- **il cibo non va mai proposto in sezione tonda** (ossia la forma delle vie respiratorie): le pietanze vanno tagliate a listarelle o in pezzettini piccoli (soprattutto pomodorini, uva, mozzarelline, ciliegie, carote, wurstel ecc.);
- **vanno evitati gli alimenti che potrebbero modellarsi** come mollica di pane, marshmallow, gelatine, gomme da masticare;
- **da evitare anche gli alimenti piccoli e facilmente inalabili** come frutta secca, arachidi, semi, caramelle dure, smarties, alcuni tipi di cereali.

I puristi dell'autosvezzamento sostengono che il cibo vada proposto ai bambini nella sua forma naturale (come previsto nella versione anglosassone del baby-led weaning) e che saranno loro, attraverso la manipolazione e la progressiva conoscenza, ad impararne la gestione.

Io personalmente non condivido questo approccio: **il cibo va proposto ai bambini nella maniera più adeguata e sicura possibile rispetto alla loro età.** Va bene l'approccio al cibo dell'adulto, ma stiamo parlando di bambini che fino a pochi giorni prima avevano un'alimentazione completamente liquida.

Inoltre, un bambino non ha la percezione chiara del pericolo e ha una fiducia incondizionata verso le proposte che provengono dagli adulti. Se è un adulto a consegnargli qualcosa, lui non penserà mai che quel qualcosa possa in qualche modo essere pericoloso, che debba essere gestito, che lui debba porci attenzione. Istintivamente si fiderà e quando ci si fida il livello di controllo scende drasticamente.

E, soprattutto, siamo tutte mamme e sappiamo benissimo quanto, pur ripetendocelo di continuo, una distrazione può capitare; può succedere che mentre il bambino sta mangiando ci viene in mente di prendere velocemente qualcosa lasciato nella stanza accanto. Dobbiamo fare in modo che, se questo accade, il bambino non possa avere tra le mani elementi rischiosi.

Infine io ritengo che se il momento del pasto deve diventare un momento di condivisione, senza stress ma anzi, un'occasione piacevole per stare insieme, il bambino deve poter mangiare senza affaticarsi troppo, senza esagerare con l'impegno che gli viene richiesto e, nello stesso tempo, i genitori non devono osservarlo costantemente, con l'ansia negli occhi e pronti a schizzare al primo colpo di tosse.

Ma quali sono i cibi più pericolosi, quelli su cui va posta maggiore attenzione?
Ecco un manifesto che li seleziona e che riassume le buone prassi per proporli a tavola nella maniera più sicura.

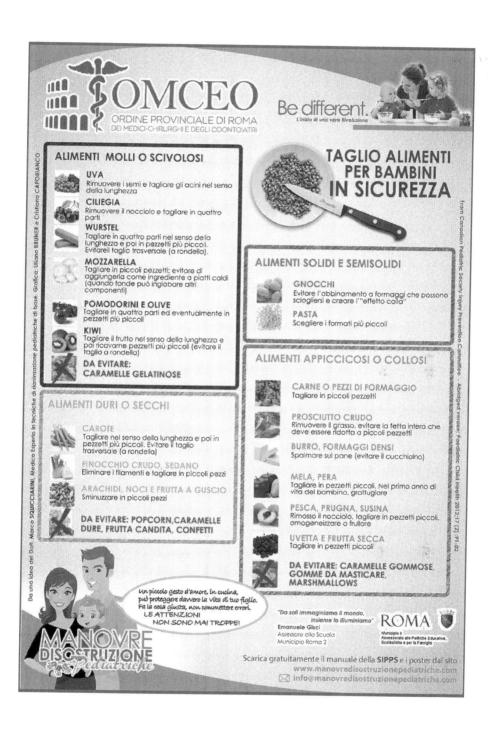

Fonte OMCEO

MANOVRE DI DISOSTRUZIONE

Fatta la premessa sopra, è innanzitutto indispensabile ribadire l'importanza di effettuare un **corso di disostruzione e primo soccorso pediatrico**. Questa sarebbe buona prassi fin dai primi mesi di vita del bambino per ogni componente della famiglia, oltre che per chiunque passerà del tempo con lui (ad es. le baby sitter).

Una moneta caduta per terra, una vite che accidentalmente si è sganciata, un sassolino che era sotto la suola delle scarpe e che è rimasto sul pavimento. Il piccolo di casa piano piano comincerà a strisciare, a lasciare il tappetino sicuro, e ad afferrare ogni oggetto che troverà a portata di mano. Per conoscerlo lo porterà alla bocca, il suo primo e più importante metodo di scoperta del mondo che lo circonda.

In poche ore, presso la Croce Rossa del proprio paese o presso i consultori locali, si potrà effettuare un corso fondamentale per tutelare il proprio piccolo e affrontare con maggiore consapevolezza lo svezzamento.
Se per caso non fosse possibile frequentare il corso di persona (che è sicuramente la metodologia fortemente consigliata in quanto gli operatori coinvolgono i presenti in simulazioni e test pratici) è bene visionare i numerosissimi video presenti su YouTube, in particolare quelli ufficiali della Croce Rossa o di Associazioni che si occupano della diffusione di queste buone prassi. I video andrebbero poi riguardati ogni 3/4 mesi, affinché le manovre siano sempre fresche nella memoria e, in caso di necessità, si sappia esattamente cosa fare.

Tornando agli incidenti da soffocamento è innanzitutto necessario distinguere tra:

- **ostruzione incompleta delle vie aeree**
- **ostruzione completa delle vie aeree**

Nel primo caso rientrano tutte quelle casistiche in cui il bambino tossisce, produce dei conati di vomito, piange.
In questo caso è severamente vietato intervenire. Bisogna lasciare che il bambino si autogestisca. Se tossisce o piange significa che dalla trachea passa

aria e che quindi il bambino non sta soffocando. Qualunque intervento, anche i tradizionali colpetti sulla schiena, sono assolutamente da evitare perché potrebbero spostare il boccone e metterlo in una posizione peggiore (magari farlo scendere di più, dove allora sarà più difficile estrarlo, oppure lo posizionerà in modo che ostruisca completamente il passaggio). Anche se sono scene che preoccupano, i conati di vomito sono l'autodifesa perfetta e programmata che la natura ha donato ad ogni bambino proprio per evitare il soffocamento. Rimettere dei pezzi che non sono stati masticati sufficientemente o che stavano entrando nel canale sbagliato è quello che succede nella grandissima maggioranza di casi, a volte anche in casi non necessariamente pericolosi, ad es. se il bambino, abituato agli alimenti liquidi, sente i primi pezzetti solidi scendere lungo l'esofago. Non allarmatevi, è una reazione normale che non deve generare panico o interventi scomposti che potrebbero trasformare una situazione fisiologica in una situazione pericolosa.

In questi casi è sufficiente osservare il bambino e aspettare che passi, senza mettere dita in bocca, senza alzarlo dal seggiolone, senza battergli sulla schiena, senza dargli dell'acqua. Semplicemente aspettare che risolva da solo perché, ricordiamo, in questo caso non sta soffocando!

Il secondo caso, invece, è quello che prevede un intervento diretto e l'applicazione delle manovre di disostruzione. Il bambino non tossisce, non piange e diventa di un colorito bluastro. In questo caso siamo di fronte ad un rischio di soffocamento e i minuti per evitare danni sono contati. Per questo è necessario sapere esattamente cosa fare e non perdere tempo.

Non chiamate il 112 (numero unico per le emergenze) o il 118 perché state perdendo tempo prezioso. Bisogna intervenire immediatamente ed è per questo che è necessario frequentare un corso di disostruzione, per sapere esattamente come muoversi.

È quindi necessario aprire una porta o una finestra e chiamare aiuto, chiedendo ai vicini di allertare i soccorsi immediatamente e spiegandogli che si tratta di soffocamento (così sapranno cosa dire al telefono).

Se ci si trova completamente soli e non si possono allertare i vicini, chiamare il numero delle emergenze (112 o 118 a seconda della Regione) e mettere il telefonino in vivavoce, vicino a dove si sta intervenendo per parlare con

l'operatore e dare indicazioni.
Nel frattempo è necessario procedere alla disostruzione.

A seconda dell'età del bambino le manovre sono differenti.

Da 0 a 12 mesi circa (a seconda del peso del bambino e dalla capacità dell'adulto presente di sorreggerlo con un solo braccio), si procede alternando 5 pacche intrascapolari e 5 pressioni sotto il torace, tenendo il bambino appoggiato sul proprio avanbraccio che, a sua volta, poggerà sulla propria coscia (vedi fotografie che seguono).

Oltre i 12 mesi (e valido fino all'età adulta) si procede con la **manovra di Heimlich**: l'adulto si pone dietro la schiena e abbraccia il bambino all'altezza dell'ombelico (se il bambino è piccolo ci si inginocchia dietro di lui). Si mette la mano prevalente (la destra normalmente, la sinistra per i mancini) a pugno tra l'ombelico e lo sterno. L'altra mano avvolge la prima per dare maggior forza e si compiono dei movimenti dall'esterno verso l'interno e dal basso verso l'alto come per aumentare la pressione e sbloccare la via intasata.
La messa in pratica di questa manovra, di solito riesce nel 98% dei casi a liberare le vie aeree.

Il manifesto che segue illustra passo passo le azioni da compiere ed è un buono strumento da fotocopiare e tenere appeso sul frigorifero, alla portata di tutti.
Resta fondamentale, come già ripetuto, frequentare un corso presso la Croce Rossa locale o presso l'ATS e rivedere periodicamente i video presenti su YouTube, come ad esempio quelli pubblicati dalla Croce Rossa Italiana.

Salvamento
Agency
EMERGENZA
www.salvamentoagency.it

MANOVRE DI DISOSTRUZIONE

DELLE VIE AEREE DA CORPO ESTRANEO NEL LATTANTE E NEL BAMBINO

Lattante (da 0 a 1 anno)
OSTRUZIONE TOTALE DELLE VIE AEREE LATTANTE COSCIENTE
Nota: Se il lattante respira, tossisce con forza e piange non va eseguita nessuna manovra

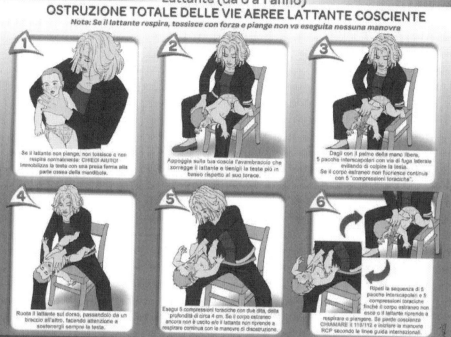

1 Se il lattante non piange, non tossisce e non respira normalmente: CHIEDI AIUTO! Immobilizza la testa con una presa ferma alla parte ossea della mandibola.

2 Appoggia sulla tua coscia l'avambraccio che sorregge il lattante e tienigli la testa più in basso rispetto al suo torace.

3 Dagli con il palmo della mano libera, 5 pacche interscapolari con via di fuga laterale evitando di colpire la testa. Se il corpo estraneo non fuoriesce continua con 5 "compressioni toraciche".

4 Ruota il lattante sul dorso, passandolo da un braccio all'altro, facendo attenzione a sostenergli sempre la testa.

5 Esegui 5 compressioni toraciche con due dita, della profondità di circa 4 cm. Se il corpo estraneo ancora non è uscito e/o il lattante non riprende a respirare continua con le manovre di disostruzione.

6 Ripeti la sequenza di 5 pacche interscapolari e 5 compressioni toraciche finché il corpo estraneo non esce o il lattante riprende a respirare o piangere. Se perde coscienza CHIAMARE il 118/112 e iniziare le manovre RCP secondo le linee guida internazionali.

Bambino (oltre 1 anno)
OSTRUZIONE PARZIALE   OSTRUZIONE TOTALE DELLE VIE AEREE BAMBINO COSCIENTE

Se il bambino è in grado di respirare, parlare, tossire con forza: NON ESEGUIRE NESSUNA MANOVRA. Tranquillizzalo dicendogli che lo stai aiutando e incoraggialo a tossire.

1 Se il bambino ha difficoltà a respirare e tossire: CHIEDI AIUTO! Mettiti alle sue spalle, con le tue braccia al di sotto delle sue. Con pollice e mignolo di una mano forma una "C" che collega la punta dello sterno all'ombelico.

2 Inseriaci all'interno della "C" il pugno dell'altra mano e procedi con delle compressioni sottodiaframmatiche con un unico movimento dall'esterno verso l'interno e dal basso verso l'alto.

3 Continua con questa manovra finché il corpo estraneo non fuoriesce o il bambino riprende a respirare o tossire, a finché non perde coscienza. Se perde coscienza CHIAMARE il 118/112 e iniziare le manovre RCP secondo le linee guida internazionali.

Fonte dati SALVAMENTO AGENCY

41

Se il bambino (o l'adulto) dovesse perdere i sensi (dopo circa 1 minuto) è necessario intervenire con le manovre di rianimazione per tenere attive le funzioni vitali, l'irrorazione del cervello.

Il massaggio cardiaco cercherà di mantenere il flusso continuo di ossigeno fino all'arrivo dei soccorsi, e spesso è in grado di spostare il corpo estraneo se non farlo addirittura fuoriuscire.

Anche se le manovre hanno esito positivo è necessario recarsi all'ospedale più vicino ed effettuare una visita generale che monitori le funzioni e faccia il quadro della situazione.

***

Voglio solo ricordare che ho trattato questo tema in questo libro perché sicuramente la pappa è uno dei momenti più rischiosi. Devo però nuovamente sottolineare che gli incidenti da soffocamento possono coinvolgere una serie di oggetti che prescindono completamente dai pasti (giocattoli, oggetti trovati al parchetto ecc.) e travalicano notevolmente il periodo dello svezzamento. Quindi, non è evitando l'autosvezzamento che si tiene al sicuro il proprio bambino. Anzi, aiutarlo ad approcciarsi in maniera consapevole a cibi più strutturati e non frullati, gli insegnerà prima ad affrontare l'ingestione di cose non liquide, aumenterà le capacità masticatorie e svilupperà le difese istintive per liberare le vie aeree da qualsiasi cosa possa accidentalmente incontrare. Se vogliamo, quindi, l'autosvezzamento è un'arma in più che diamo ai nostri bambini per tutelarsi prima e con più consapevolezza.

E

ETÀ

Ma quindi, quando iniziare? A che età? Quali sono le tappe da rispettare?

Sia che si tratti di autosvezzamento, sia che si tratti di svezzamento tradizionale, ormai la maggior parte dei pediatri è concorde sul consigliare il passaggio dall'alimentazione lattea all'alimentazione solida o semisolida **non prima dei 6 mesi di età**. Questo perché gli ultimi studi hanno dimostrato che a 6 mesi circa l'intestino del bambino e il suo sistema immunitario sono completamente sviluppati e pronti a tollerare cibi diversi dal latte e, anzi, cibi che caratterizzano la dieta normale di una persona adulta.

Inoltre, è proprio intorno ai 6 mesi che il latte materno non è più sufficiente per apportare da solo alcuni nutrienti quali proteine, ferro, zinco e vitamine che devono essere necessariamente integrate con il passaggio al cibo solido.

Salvo specifiche problematiche che impongono un anticipo dello svezzamento e che sarà il pediatra a valutare, l'età più corretta è quindi intorno ai 6 mesi: alcuni bambini potrebbero essere pronti poco prima, altri dopo (fino anche agli 8 mesi).
Lo svezzamento anticipato è sconsigliato anche di fronte a mamme palesemente provate dall'allattamento o a bambini che registrano una crescita rallentata.
Nel primo caso è preferibile supportare la mamma, consigliarle pratiche comportamentali che possano aiutarla, sostenerla con integratori adeguati o proporre la sostituzione di una poppata con del latte in formula (magari la poppata serale). L'allattamento al seno è sempre consigliabile ma, in caso di eccessiva debolezza o fragilità da parte della mamma, la soluzione non è anticipare lo svezzamento ma passare al latte in formula.
Nel secondo caso è più opportuno approfondire aspetti fisiologici che non è sicuramente uno svezzamento anticipato che potrà risolvere. O tenere

monitorata la curva di crescita nel suo complesso perché potrebbe semplicemente trattarsi di un bambino minuto (che tale resterà anche con l'introduzione delle pappe).

Nemmeno la pratica degli "assaggini" ha più molto senso: un bambino svezzato all'età giusta e quando manifesta i giusti segnali, non ha nemmeno bisogno di essere "abituato al cucchiaino". Sarà l'istinto a guidarlo e l'osservazione che avrà fatto mentre stava a tavola con mamma e papà.

Esistono però dei segnali che possono aiutare a capire se il momento per svezzare è arrivato.
Si tratta di segnali convenzionali che possono presentarsi in una finestra temporale che va da circa i 6 mesi agli 8 mesi del bambino.
Un ritardo ulteriore di questi segnali meriterebbe un approfondimento, senza allarmismi, ma che possa dare un quadro generale dello sviluppo psico-motorio del bambino.
Bambini che tardano a presentare questi segnali andrebbero stimolati dai genitori nell'approccio al cibo solido in quanto, a partire da questa età, l'introduzione di sostanze diverse dal latte diventa indispensabile a livello nutrizionale e lo scarso apporto potrebbe provocare dei deficit.

I **segnali indicativi** per provare a iniziare uno svezzamento sono:

- la **perdita del riflesso di estrusione**: il bambino sputa se non è pronto, perché non ha ancora maturato le capacità motorie indispensabili per mangiare e ha ancora molto forte il riflesso di estrusione (ossia tirare fuori la lingua per ciucciare). Inoltre, potrebbe non essere del tutto pronto a ingurgitare cibi di consistenza diversa da quella liquida. Deglutire cibi liquidi richiede un movimento molto diverso rispetto a quello richiesto per deglutire cibi solidi;
- il bambino sta **seduto dritto** (anche se non ancora da solo, ma regge bene la testa e non si accascia su sé stesso). Si è studiato che "lo stare dritti" corrisponde indicativamente alla completa maturazione dell'apparato digerente e dell'intestino in particolare. Non è una correlazione certa ma è un'indicazione sufficientemente veritiera;
- l'**interesse verso il cibo**: guarda con curiosità i genitori che mangiano, allunga le mani, prova a portarsi alla bocca alimenti solidi. Il bambino

potrebbe voler manipolare i cibi ma non portarli alla bocca. Questo potrebbe significare che per ora quegli "oggetti" non hanno ancora un significato alimentare per lui o che ha bisogno di osservare ancora un po' mamma e papà mentre mangiano oppure che ha bisogno di uno stimolo specifico perché potrebbe trattarsi di un bambino che tendenzialmente non porta nulla alla bocca e deve quindi essere aiutato a capire che quello è cibo e può essere mangiato (magari è stato rimproverato molte volte per aver messo in bocca qualcosa e quindi è diffidente).

Questi segnali possono non comparire contemporaneamente. L'indicazione è che il momento corretto per iniziare a svezzare è quando tutti e 3 i segnali sono stati dimostrati dal bambino. Alcune volte è ovviamente possibile che uno sia più evidente degli altri e nulla vieta di tentare un approccio graduale e osservare la reazione del bambino.

Si procede per gradi e per tentativi. Se la prima proposta va male si può sospendere il processo e riprovare dopo qualche giorno o settimana. E così di nuovo se anche la seconda volta andrà male. Provando a variare gli alimenti ma rispettando le indicazioni del bambino.

Quello che è fondamentale e che è alla base dell'autosvezzamento (ma che dovrebbe diventarlo anche dello svezzamento tradizionale) c'è che non bisogna forzare il bambino a mangiare. Il bambino deve imparare a riconoscere il senso di fame e il senso di sazietà, ad autogestirlo. Questo lo tutelerà dal rischio di obesità e di disturbi alimentari. Ogni persona deve mangiare quello che il suo corpo richiede.
Aspettare che sia lui ad allungarsi verso il cibo, a richiederlo, a giocarci, a portarlo alla bocca è il primo passo verso uno svezzamento sereno.
Alcuni studi molto particolari arrivano addirittura a sostenere che l'istinto di bambini molto piccoli non solo dà loro indicazioni sulle quantità che il proprio organismo necessita, ma anche sulla tipologia di alimenti. Su una tavola imbandita ci saranno bambini che mangeranno più carboidrati, altri più proteine e tendenzialmente questo è dato da uno stimolo inconscio che guida le scelte alimentari del piccolo. Non si tratta di golosità o di comodità ma di vera e propria necessità. Così come ci saranno bambini che abbandoneranno

prima e autonomamente il latte e bambini che continueranno a richiederne grandi quantità. Perché probabilmente è l'organismo a sentirne il bisogno.

Ovviamente il compito di un adulto è quello di proporre sempre una dieta varia e il più possibile equilibrata ma senza sentirsi in dovere di rispettare quantitativi e tabelle predefinite.
Se un bambino non mangia, mangerà! E se non mangerà è perché il corpo sarà soddisfatto di quello che ha avuto, anche se potrà sembrare poco.

L'adulto dovrà semplicemente:

- **osservare i segnali del bambino** (osserva il cibo, muove la bocca, gradisce l'avvicinarsi del cucchiaino, manipola i cibi e prova ad assaggiarli ecc.);
- **aspettare che tutto avvenga con naturalezza**, senza forzature, senza accelerare, senza insistere nel passare di botta da una poppata ad una pappa ma affiancando allattamento e svezzamento seguendo le esigenze del bambino (e compatibilmente con le necessità di mamme che sempre più spesso devono rientrare al lavoro proprio in questa fase delicata – non sentitevi le sole responsabili di questo passaggio. Istruite chi si occuperà del bambino e lasciate scorte di latte per gestire gradualmente il passaggio anche in vostra assenza);
- **provare e riprovare, con pazienza**, assecondando le reazioni del bambino, i segnali che manda. Sospendere se si capisce che non è il momento e riprovare anche a distanza di qualche giorno/settimana, senza far diventare lo svezzamento un obbligo. Tutti i bambini prima o poi iniziano a mangiare. Meglio non forzare nulla se non si vuole andare incontro a problemi di rapporto con il cibo anche nelle fasi successive della crescita;
- **creare un ambiente rilassato**, dolce, intimo, senza troppe persone intorno, senza troppi rumori. Un momento che il bambino abbia piacere ad assaporare, costruito su misura per lui, per i suoi ritmi e le sue preferenze, con parole dolci e senza rabbia o frustrazione se non dovesse andare come ci si aspetta;
- **costruire un'abitudine**, già dalle prime settimane di vita, cercando di mangiare sempre agli stessi orari, affinché il pasto diventi un chiaro momento della sua routine (i bambini sono estremamente abitudinari).

Anche offrire il cibo sempre nello stesso piatto, con lo stesso bavaglio, le stesse parole, aiuta a costruire nella mente del bambino uno spazio preciso e desiderato;

- **evitare di prendere il possibile rifiuto** (anche prolungato) del bambino **come un capriccio.** Piuttosto cercare di capire cosa lo infastidisce, cosa potrebbe desiderare, cosa non gradisce di quel momento e assecondarlo (senza credere che sia un vizio! Siamo in una fase di cambiamento e di passaggio importante per il bambino: deve piano piano comprendere che ce la può fare, che è sicuro, che non perderà nulla di quello che ha sempre avuto e a cui si è legato).

F

FIDUCIA

L'autosvezzamento è questione di fiducia. È prima di tutto l'accettazione che come mamme non potremo mai avere tutto sotto controllo e che difficilmente l'educazione e la gestione del nostro bambino potrà seguire tabelle precompilate o volumi pediatrici. I bambini dei manuali non esistono. Sarebbe bello perché diventerebbero prevedibili, perché ad ogni azione corrisponderebbe una reazione, una sequenza da imparare e mettere in pratica.

E invece non è così.

Nella maggior parte dei casi ci troveremo di fronte a bambini che non dormiranno pur mettendo in pratica tutto quello che abbiamo letto, oppure non mangeranno pur facendo tutto quello che consigliano di fare, o non parleranno all'età in cui ci si aspetta che lo facciano o non cammineranno quando i coetanei lo faranno già. Non ameranno fare il bagnetto o faranno capricci ingestibili nonostante le enciclopedie della Montessori divorate in gravidanza.

L'intera esperienza della maternità è una questione di fiducia. Fiducia nel proprio istinto, fiducia nei consigli degli esperti ma soprattutto fiducia nel nostro bambino, in quell'esserino sconosciuto, troppo piccolo per sapere cosa vada bene per lui, cosa si debba fare e cosa no; che va educato, regolato, "impostato". E invece dobbiamo imparare a fidarci, ad ascoltarlo, ad osservarlo. A partire dall'allattamento, dalle sue richieste. E continuando nelle varie fasi della vita e dello sviluppo.

Questo ovviamente non significa lasciarsi trascinare. Significa avere ben chiari gli obiettivi, ben chiara la teoria ma avere anche la capacità di scegliere strade sempre diverse per raggiungere la meta. Strada che andrà definita assecondando le inclinazioni, le attitudini e le preferenze del proprio bambino.

Quello che dobbiamo determinare in qualità di adulti è il risultato, l'obiettivo. Il come raggiungerlo dobbiamo essere disponibili a negoziarlo insieme al nostro bambino che avrà un proprio istinto, delle proprie necessità e come genitori dobbiamo imparare a prenderne atto e ad accettare che spesso non sarà come vorremmo noi, ma non per questo motivo sarà necessariamente sbagliato.

Una parte della dottrina pedagogica sostiene che fino ai 5/7 anni il bambino è nella "fase egocentrica". Non mette nemmeno in discussione il fatto di essere il centro del mondo, per lui questo è scontato, soprattutto rispetto ai suoi genitori lui dà per certo di essere la priorità assoluta, che le sue necessità vadano soddisfatte subito e che tutto debba avvenire secondo la sua volontà. Per questo di fronte ai "no" scattano i "capricci" (sempre che lo siano davvero e non sia una modalità di interazione che un bambino piccolo, non ancora in grado di elaborare a parole tutto quello che vorrebbe dire e non capace di incanalare e gestire le emozioni, mette in atto esattamente come quando un adulto sbuffa o dice parolacce o si innervosisce e si arrabbia). Un bambino nella fase "egocentrica" non ammette che quello che fa, chiede, vuole non vada bene. E questo è un istinto che non va "frenato" o "educato". Questa è la reale necessità che un bambino ha di sapere di valere, di avere fiducia in sé e nelle sue esigenze, di sapere che quello che lui sente istintivamente di desiderare conta per qualcuno, soprattutto per i suoi genitori. Deve sentirsi amato totalmente e incondizionatamente. Solo così, nella fase successiva, saprà adattarsi ai no e alle regole. Avrà una consolidata autostima e fiducia sia in sé che nei suoi adulti di riferimento perché nei primi anni gli è stata dimostrata ampiamente e accetterà più di buon grado le regole e le negazioni. Sa che se verranno detti dei no, non sarà perché lui non va bene in qualcosa, ma perché effettivamente è così che è bene fare.

Dare troppe regole ad un bambino piccolo, porre troppi limiti alla sua fase egocentrica, quella in cui pretende di avere tutto e subito, non significa educarlo. Significa trasmettergli il messaggio che lui non va bene così com'è, che fa richieste che non vanno fatte, che a mamma e papà il suo modo di essere fa arrabbiare e loro non lo accettano.

È chiaro che non bisogna farla più tragica di quello che è. La teoria è fantastica, ma la pratica è diversa. La stanchezza, il contesto, la paura che il proprio bambino possa sembrare maleducato prendono il sopravvento. Il giudizio degli altri, il confronto con bambini "perfetti" ci fanno mettere costantemente in discussione.

Ma è il punto di vista che è sbagliato. Nella fase 0-7 anni è il bambino che deve essere il nostro modello, è lui che ci deve indicare la nostra modalità di educazione nei suoi confronti (che può essere completamente diversa da quella di altre mamme e di altri bambini, anche dei suoi stessi fratelli e sorelle).

Questo significa avere fiducia nel proprio bambino. Avere fiducia nel fatto che sarà lui a indicarci la persona che è e come noi dobbiamo comportarci con lui perché la nostra azione sia efficace e lo aiuti ad adattarsi e a crescere.

La maturazione emotiva, la capacità di rispettare le regole e i contesti non deve essere pretesa da bambini troppo piccoli. Altrimenti il risultato sarà che finché sarà troppo debole per contrastare la rigidità dei genitori si adatterà, con qualche capriccio che ci sembrerà ingestibile, ma di fatto si adatterà. Quando invece sarà più grande, nella fase 7-14 anni e ancora di più durante l'adolescenza, il contrasto diventerà esponenziale e la ribellione sarà totale. Se non sono state poste le basi di una fiducia totale in lui e nelle sue capacità, quello che gli resterà dentro sarà l'idea di "non andare bene" e allora cercherà in tutti i modi di esprimere sé stesso in totale contrasto rispetto alle richieste di chi ha dimostrato di "non accettarlo": tu non accetti me, io non accetto te, le tue regole, le tue richieste, la tua educazione, il tuo ruolo. Se io non vado bene a te, tu non vai bene a me.

Chiaramente con il tempo anche queste tensioni rientreranno e i rapporti torneranno ad essere equilibrati, ma il rischio è quello di passare anni (tutti quelli dell'adolescenza) in una lotta costante.

Questo vale esattamente nello stesso identico modo per il rapporto con il cibo.

Bisogna avere fiducia nelle richieste del proprio bambino. Cercare sempre di chiedersi il perché mangi troppo o troppo poco, se per caso ci sono tensioni, se è stanco, se la mamma è nervosa e quindi anche lui non è sereno, se ha sonno, se è attratto da altro, se mangia per compensare delle carenze di attenzioni e di esclusività.

Quello che è richiesto all'adulto è sicuramente l'osservazione e l'ascolto. Porsi delle domande se qualcosa sembra non andare come ci si aspetta. Ma non si può imporre una nostra idea di perfezione ad un bambino che si crede il centro dell'universo e che sa perfettamente cosa vuole in quel momento. Ogni imposizione, tensione, negazione o stress associato al cibo aumenterà notevolmente il rischio che nelle fasi successive di crescita, quando troverà la forza per imporre le sue esigenze non ascoltate in passato, il rapporto con il cibo possa diventare conflittuale, sregolato, finto.

A volte, leggendo queste posizioni, sembra quasi che un genitore debba abdicare al suo ruolo educativo ed essere in balia di un bambino. Ma non è assolutamente questo il senso. Tutt'altro. Il genitore deve rappresentare il punto fermo, l'esempio, la guida che definisce gli obiettivi e aiuta a raggiugerli. La differenza sta nell'approccio e nelle modalità con cui questo ruolo viene interpretato ed esercitato.

Non significa "non dire mai di no" ma significa usare i "no" quando servono realmente e allo scopo non di imporre la propria volontà e la propria visione del mondo, fregandosene della visione di nostro figlio o dando per scontato che, essendo un bambino, non ha diritto ad averne una o se ce l'ha è sicuramente sbagliata.

"Mamma voglio il gelato" (alle 23.00 del 15 gennaio) non è un desiderio da assecondare. Ma rispondere "ti va davvero il gelato con questo freddo? Facciamo così, domani la mamma va a comprare una vaschetta di gelato e ce lo mangiamo insieme io e te, quando torno dal lavoro" è ben diverso dal rispondere "è tardi, sono le 23.00, gli altri bambini stanno già dormendo solo tu sei sveglio e fai queste richieste. E comunque il gelato a quest'ora non si mangia".

Desiderare un gelato d'inverno non è un crimine, magari gli va davvero e non ci sono conseguenze negative nel mangiare un gelato a gennaio. Se a te adulto andasse un gelato il 15 di gennaio perché non dovresti mangiarlo?

Ovviamente pretenderlo alle 23.00 non è opportuno ma possiamo semplicemente spiegare che non c'è nulla di male ad avere voglia di gelato e che questo desiderio verrà preso in carico dalla mamma ed esaudito, dopo la nanna, al rientro dal lavoro.

Così gli si dà anche una prospettiva, un'attesa. Gli si dimostra che la sua esigenza è stata accolta, è stata presa in considerazione, le è stato dato valore e verrà esaudita (attenzione a non disattendere le promesse, anche queste sono un tema di fiducia!!).

Si è ottenuto lo stesso identico risultato (non concedere un gelato alle 23.00 del 15 gennaio, impossibile da trovare) senza dire dei no che per un bambino nella fase egocentrica non hanno nessun senso se non "la tua richiesta è stupida e non merita di essere presa in considerazione, le tue richieste non vanno bene, tu non vai bene". Per un adulto sembra esagerato e siamo poco disposti ad accettare che sia così; per un bambino sotto i 7 anni è il normale meccanismo mentale che si instaura, anche se l'adulto non vuole comprenderlo.

Con lo svezzamento succede la stessa identica cosa: "mangi troppo = non vai bene", "mangi troppo poco = non vai bene", "gli altri bambini mangiano tutto e stanno composti = non vai bene", "mangi sempre e solo prosciutto = non vai bene", "non puoi mangiare all'ora che vuoi tu = non vai bene".
Un bambino piccolo non è razionale. Anche se ci si sforza di insegnarglielo e di pretenderlo, è un essere istintivo e semplice. Non può analizzare in maniera critica e consapevole quello che succede. Nemmeno se un genitore glielo spiega. Tenderà a fidarsi delle spiegazioni che l'adulto gli proporrà, perché i bambini si fidano d'istinto, soprattutto di mamma e papà. Si arrenderà alle parole dei suoi familiari di riferimento. Ma credere che le avrà comprese e assorbite è un'illusione. Le avrà accettate, probabilmente. Ma per accettarle avrà dovuto rinnegare il suo istinto solo perché a mamma e papà non va bene (e non perché c'è una spiegazione logica che le sue strutture mentali non sono ancora in grado di recepire).

Se tuo figlio non vuole mangiare non avrà fame e non è vero che è impossibile. Magari è una giornata così, magari domani mangerà, magari è uno a cui basta poco per riempirsi, magari è uno a cui dormire fa lo stesso effetto che mangiare, magari non ha fame alle 12.00 ma avrà fame alle 13.00, magari non gli piace quel sapore, magari ha voglia di latte. Idem il contrario, quando sembra che abbia sempre fame.
Capisco benissimo, da mamma, che una dica: "beh, ma un minimo di regole?" Certo! Ci mancherebbe… Se per pranzo non vuole la pastina difficilmente gli concederò i biscotti. Ma se volesse del formaggio perché no? "Perché deve imparare a mangiare quello che c'è a tavola". Va bene, hai ragione. Ma forse il tempo per la razionalità arriverà con più calma. In questa fase la fame è ancora qualcosa di molto istintivo ed è quasi una forzatura pretendere di indirizzare l'istinto di un bambino, bisognerebbe invece essere disponibili ad ascoltarlo di più.

D'altronde anche noi adulti abbiamo gusti, abbiamo più o meno fame, magari anche in base al fatto se siamo nervosi o rilassati, se abbiamo in mente altro, se quello che c'è rispecchia o meno i nostri gusti. Poi mangiamo lo stesso ma perché siamo adulti, perché la ragione e non l'istinto ci dice che è bene farlo.

Mia mamma, quando ero incinta, mi ha terrorizzato quando parlava della sua esperienza di svezzamento con me: non mangiavo niente e lei piangeva e le provava tutte. Mentre la ascoltavo, dentro di me pensavo: sono cresciuta, sto bene, ho sempre fatto un sacco di sport, sono sempre stata energica e grintosa, tuttora mangio pochissimo e a volte mi capita di saltare i pasti. Che non sia l'ideale lo sappiamo benissimo tutti, lo so anche io. Ma il punto è che io non sono una di quelle che deve necessariamente pranzare all'orario prestabilito, che deve mangiare una quantità specifica di cose se no non si regge in piedi. C'è chi ha più fame a pranzo, chi a cena. Io a cena amo spizzicare qualcosa. Insomma, non ho mai mangiato molto e continuo a non mangiare...com'era possibile pretendere che da piccola trangugiassi quello scritto nelle tabelline del pediatra? Non era rispettoso delle mie esigenze, del mio fabbisogno ed era una totale mancanza di fiducia nel mio saper rispondere ad un istinto che per definizione è tarato sulla mia persona e non su schemi precostituiti a tavolino da qualcuno che non sono io e che non può pretendere di sapere per certo di cosa ho bisogno.

G

GIOCO

L'autosvezzamento ha in sé una componente di gioco.

Ciò non significa che non ci siano delle regole. Significa però che bisogna capire quali siano le regole che hanno realmente senso e quali rischiano di rendere il momento frustrante facendogli perdere la connotazione educativa, intima e famigliare che dovrebbe avere.

Le regole dipendono da famiglia a famiglia anche se l'approccio corretto sarebbe quello di ascoltare e osservare il bambino per capire cosa d'istinto farebbe e capire se e come quell'istinto abbiamo voglia di assecondarlo oppure va troppo fuori dalle nostre "regole".

Ad esempio: l'autosvezzamento si presta benissimo al "mangiare con le mani". Questa parte che sembra una mancanza di regole, in realtà è una parte fondamentale perché il bambino prima manipola il cibo, ne conosce la consistenza e poi lo porta alla bocca, ma lo porta con già una serie di informazioni ricavate dalla manipolazione che lo aiutano a gestire meglio il boccone, limitando il rischio di soffocamento. Ha già registrato se quel boccone sarà duro o morbido, viscido o secco, succoso o asciutto. E lo avrà fatto toccandolo con le mani.

Per cui, se proprio non ci disturba eccessivamente lasciamolo pure mangiare con le mani. Osservando continuamente mamma e papà usare le posate sarà la sua stessa curiosità a portarlo a provare (lasciamogli sempre un cucchiaino a disposizione). Tra l'altro, il movimento delle mani che si infilano nel piatto per poi portare il cibo alla bocca è lo stesso movimento che il bambino dovrà compiere con le posate. In sostanza, quindi, si sta allenando, sta allenando la coordinazione motoria e visiva.

Se invece venisse imboccato, quel movimento non avrebbe modo di sperimentarlo e di svilupparlo e potrebbe addirittura impiegarci più tempo ad imparare ad usare le posate rispetto ad un bambino lasciato libero di mangiare con le mani.

Se però il bambino manipola il cibo e poi al posto che portarlo alla bocca lo lancia sulle pareti della cucina allora siamo tutti d'accordo sul fatto che questo porti a poco e che sia giusto dare delle regole e stoppare un comportamento scorretto.

Come ogni gioco ricordiamoci che nulla va imposto, altrimenti si perde lo scopo e il momento del pasto diventa una forzatura, come se ti obbligassero a giocare a nascondino quando sei stanco o a colorare quando vuoi giocare con le bambole.

Proponiamo questo "gioco" sempre agli stessi orari, se possibile, in modo che diventi parte della routine quotidiana ma se vediamo che non è il momento non insistiamo in maniera eccessiva. Un po' di incoraggiamento va bene perché a volte i bambini devono solamente essere convinti, ma questo non deve mai diventare esasperazione. Si vede che in quel momento non ha fame o vuole fare altro. Meglio cedere e lasciarlo scegliere piuttosto che far entrare nella testa del bambino che il momento della pappa sia un momento difficile/stressante. I maggiori problemi con il cibo dell'età successiva derivano da una scorretta impostazione del rapporto con il momento del pasto. Insistere troppo, soprattutto in bambini arrendevoli di carattere, porterà il bambino a mangiare per accontentare le richieste della mamma e per non vederla più agitata. In questo modo, però, non avrà dato ascolto al suo istinto e al suo livello di sazietà con il rischio di sviluppare un rifiuto per qualcosa che nel suo inconscio ha registrato come un momento di stress. Se non imparerà ad ascoltare le esigenze del suo corpo relativamente alla fame, il bambino potrà avere maggiori rischi di sviluppare patologie che riguardano la carenza o l'eccesso di cibo.

H

HABITAT

Paese che vai, usanze che trovi.

Le linee guida dell'Organizzazione Mondiale della Sanità (vedi capitolo O) sono indicazioni molto generali che si adattano a tutte le condizioni socio-economiche e culturali del mondo. Ogni zona ha poi però le proprie usanze, le proprie tradizioni ed è giusto che, se non ritenute nocive per il corretto sviluppo del bambino, vengano rispettate e tramandate.

Come si svezza quindi negli altri Paesi del mondo?

Molto dipende dalle condizioni climatiche, che influenzano notevolmente l'habitat e le coltivazioni e, di conseguenza, le diete e le tradizioni culinarie delle differenti zone del pianeta.

- **Africa**: le mamme africane di solito allattano i loro bambini fino ai 18/24 mesi e oltre e iniziano lo svezzamento a circa 6 mesi d'età. Si inizia con il matooke (banana verde - frutto del platano - cotta), il latte di mucca e il porridge di mais o la polentina di miglio (importantissimo nutriente per il sistema scheletrico che andrebbe rivalutato anche nella nostra dieta). Poi si prosegue con verdure ricche di amido, come patate, patate dolci e manioca, passando a salse ricche di proteine che includono pesce e fagioli. Come cereali, a seconda della zona, si utilizzano anche riso, cous cous, tapioca.
  Di solito si mangia tutti insieme: da una grande ciotola al centro adulti e bambini prendono il cibo con le mani e lo portano alla bocca, in un momento di grandissima condivisione.

- **Cina**: i bambini cinesi sono svezzati con il congee, un porridge di riso acquoso. Il congee è un'ottima base per essere poi mescolata con altri alimenti, come purè di legumi e verdure (vengono anche aggiunti zenzero e aglio a piacimento). Alcuni usano la salsa di soia.

Il brodo di questo riso scotto, spesso, viene offerto le prime volte nel biberon, per avvicinare i bambini al nuovo sapore.

La preparazione del congee prevede la cottura del riso con più acqua del solito - e più a lungo del solito - fino al punto in cui i chicchi si rompono. Il risultato è una miscela densa e liscia.

Per ogni tazza di riso, usare 10 tazze di acqua. Lavare il riso prima di iniziare finché l'acqua non è pulita, quindi mettere i chicchi in una pentola. Versare l'acqua e scaldare fino all'ebollizione. Abbassare il fuoco e cuocere a fuoco lento (con il coperchio semi appoggiato) fino a quando il congee raggiunge la consistenza desiderata (circa 2 ore). Mescolare di tanto in tanto.

Al posto dell'acqua si può usare il brodo, per dare maggiore consistenza e sapore al congee.

Per variare si può utilizzare anche il riso integrale (però la cottura si allunga per ottenere la stessa consistenza).

In alternativa al riso possono essere utilizzati avena, orzo, miglio o quinoa.

Viene anche inserito il tuorlo dell'uovo cotto a vapore e sbattuto, insieme ad un cucchiaio di olio di sesamo.

- **Giappone**: si inizia con il porridge di riso noto come okayu (meno "scotto" rispetto al congee), mischiandolo con carote o purea di zucca. I bambini giapponesi non sono estranei alla zuppa di miso, tipico piatto locale. Vengono poi gradualmente introdotti: tofu, pesce, tuorlo d'uovo, yogurt bianco, verdura. Via libera anche agli udon (grossi spaghetti di grano tenero) e nessun divieto per burro e margarina, seppur in quantità limitata. A 7/8 mesi si inizia con la carne, il formaggio, l'alga wakame. A 12 mesi si introduce il latte vaccino.
Ai bambini in fase di svezzamento viene anche proposto il tè di luppolo o il tè mugicha, a base di orzo tostato.

- **Filippine**: un porridge di riso chiamato "Lugaw" è spesso il primo cibo semisolido dato ai bambini, che può anche essere cucinato con brodo di pollo, zenzero e aglio.

- **Stati Uniti**: si parte con piccole quantità di succo di pera o di mela allo scopo di ammorbidire le feci (è molto alto il numero di bambini allattati artificialmente). Lo svezzamento vero, però, inizia tra il quarto e il sesto mese con: farine di riso e di cereali in generale. Dal settimo mese s'introducono la frutta (mele, pere, banane) e le verdure (carote, piselli e patate dolci). Fino al nono mese non si aggiunge altro. Inoltre, i pasti a base di latte non devono mai essere meno di tre. Dal compimento del primo anno si introducono gli altri alimenti fra cui pasta e carne.

- **Messico**: come in molti altri paesi dell'America Latina, i messicani svezzano i loro bambini con zuppe, tortillas, avocado, fagioli e frutta come la papaya. Le mamme messicane sono anche note per aggiungere pizzichi di peperoncino in polvere e una spruzzata di lime sulla frutta come spuntino gustoso.

- **Caraibi**: lo svezzamento parte con patate dolci, manioca o zucca, per proseguire con la maranta (la fecola) e la farina di mais come cereali. Si aggiungono poi riso e piselli (dagli occhi neri) e il calalloo (spinaci caraibici), un nutriente ortaggio a foglia verde.

- **Hawaii**: la pasta fermentata della pianta di radice di taro è un alimento antico facilmente digeribile ed è noto per le sue qualità ipoallergeniche essendo naturalmente senza glutine.

- **America centrale e latina**: i primi cibi che i bambini mangiano sono miele e cereali di grano. Le linee guida sconsigliano di somministrare il miele ai bambini a causa del rischio di botulismo infantile. Questi bambini sono anche svezzati con avocado, papaya, mango, banane e riso, oltre al platano e al camote (patata dolce).

- **Perù**: come in molti altri paesi del Sud America, uno dei primi sapori del cibo solido che un bambino assaggia è la granadilla (la polpa senza semi), un tipo di frutto della passione dolce che è una buona fonte di fibre e minerali essenziali, compresi fosforo, ferro e calcio.

- **Inuit**: tradizionalmente, le mamme Inuit in Alaska allattano i loro bambini per 3/4 anni, anche se molti seguono le moderne pratiche di svezzamento e alimentazione americana che hanno ridotto considerevolmente questo periodo. I bambini inuit vengono svezzati con alghe, nuk-tuk (grasso di foca) e carne di caribù.

- **India**: solitamente l'allattamento al seno dura oltre i 2 anni. Lo svezzamento può avvenire in qualsiasi momento tra i 6 e i 24 mesi. I primi cibi di un bambino indiano sono riso morbido, con pane di dahls, sago e verdure.

Il khichdi è un piatto indiano nutriente preparato con lenticchie, riso, burro chiarificato e una spolverata di curcuma.

Ingredienti: 1/2 tazza di lenticchie rosse, 1/2 tazza di riso basmati, 3-4 tazze d'acqua, 2 cucchiai di ghee, sale a piacimento, 1 cucchiaino di curcuma in polvere (haldi), 2 cucchiaini di semi di cumino (jeera), 1 cucchiaino di assafetida (heeng).

Ingredienti facoltativi: 2 cucchiai di cagliata o di yogurt naturale, qualche foglia di curry, peperoncino verde o 1 cucchiaio di peperoncino in polvere, un rametto di coriandolo.

Varianti e arricchimenti: si possono usare tutti i tipi di legumi; si può usare qualsiasi riso che non scuoce facilmente, meglio se a chicco lungo; nella fase finale si possono aggiungere verdure a piacimento (patate, carote, cavolfiore, spinaci, piselli ecc.).

Preparazione base: lavare il riso e le lenticchie. Lasciare a riposare in acqua per una mezz'oretta. Quindi scolarle e asciugarle. In pentola a pressione buttare il riso, le lenticchie e l'acqua (devono esserci circa due centimetri di acqua sopra il riso e le lenticchie). Salare e aggiungere la curcuma. Far cuocere a fuoco medio per 10-15 minuti, fino al primo fischio. Se non si usa la pentola a pressione, cuocere con coperchio a fuoco basso fino a che si sia asciugata tutta l'acqua e il riso e le lenticchie siano morbidi. Per un khichri più cremoso aggiungere acqua e far cuocere più a lungo. In una padella fare sciogliere del ghee e quindi soffriggere i semi di cumino. Togliere dal fuoco e amalgamare dolcemente al kichiri di riso e lenticchie. Per un gusto più armonioso e una consistenza più cremosa aggiungere e mescolare la cagliata o lo yogurt. Sempre in padella far sciogliere il burro chiarificato e soffriggere leggermente le foglie di curry e l'assafetida. Per un sapore più forte soffriggere anche del peperoncino verde a pezzetti o in polvere. A questo punto si aprono tutte le possibili variazioni con verdure: aggiungere al soffritto cubetti di patate, di carote, di cavolfiore, piselli o spinaci precedentemente sbollentate. Far soffriggere le verdure precotte nel ghee con l'assafetida. Quindi unire al khichri e amalgamare delicatamente.

Il primo assaggio avviene durante la cerimonia di Annaprashan, quando il bambino è vestito con abiti da cerimonia, benedetto da un prete, e alimentato con il suo primo morso di budino di riso. Il bambino sceglie un oggetto simbolico da un vassoio, che si dice indichi le sue future fortune.

- **Medio Oriente**: tendenzialmente lo svezzamento di queste zone presenta un basso contenuto di proteine/carboidrati. Zuppa di verdure, riso, pane, legumi e budini di latte costituiscono la maggior parte della dieta. Le uova e la carne sono costose nelle zone più povere del Medio Oriente, ma c'è anche la convinzione che le proteine animali si putrefanno negli stomaci dei bambini piccoli, quindi si cerca di evitarle.

ESEMPI DI PRIME PAPPE DAL MONDO
(dal libro "Un mondo di pappe" di Sara Honegger)

- Si cuoce un cucchiaio di riso e un pezzetto di zucca in poca acqua. Non si deve mescolare, ma verdura e riso devono essere quasi sfatti. Poi si schiaccia tutto con la forchetta e si lascia intiepidire.
- Una patata ben cotta e schiacciata, mischiata con il tuorlo dell'uovo.
- Mescolare in un piatto un po' di ricotta e frutta grattugiata (banana, mela, pera ecc.) e, se troppo densa, aggiungere un po' di latte per una buona merenda.
- 1 frutto di stagione, 1 tazzina da caffè di yogurt, 2 cucchiai di orzo cotto (in alternativa: miglio, mais, riso) o farina di cereali precotta. Grattugiare finemente il frutto. Aggiungere lo yogurt e il cereale ben schiacciato con la forchetta.

- Crostini di pane intinti nel piatto dei grandi, ossia un passato di verdura, una minestra di fagioli, il sugo di cottura della carne.
- Un caprino, succo di un'arancia e una mela grattugiata.

I

INSIEME/IMITAZIONE

È buona prassi che il bambino fin da molto piccolo condivida il momento del pasto con mamma e papà.

Inizialmente, per i primi mesi, potrà essere posizionato nel baby set che alcuni seggioloni propongono per bambini che ancora non sanno stare seduti.

Il bambino comincerà a familiarizzare prima con i rumori e gli odori e piano piano con la gestualità che potrà osservare intorno a sé.

Ci sono studi psicologici che dimostrano che anche senza fare direttamente una cosa, più tu la vedi fare, la osservi e magari la ripassi nella mente o la sogni, più tu ti scoprirai in grado di farla quando ci proverai.

Inoltre, è una buona pratica familiare che il pasto diventi un momento di condivisione, di racconto, di incontro, soprattutto in famiglie sempre più impegnate con sempre meno momenti da trascorrere insieme: ritrovarsi a tavola e ripercorrere la giornata, le esperienze, le gioie, le difficoltà aiuta a ricreare un'atmosfera intima molto importante e rende il pasto un momento piacevole, a cui approcciarsi senza stress.

Non è il quanto o il cosa si mangia che deve catalizzare la nostra attenzione bensì la voglia di stare insieme, spegnere telefoni e televisione, e condividere sentimenti e racconti.

Far parte di questa dinamica da sempre, permetterà al bambino di considerarla parte della sua routine, di non approcciarla come qualcosa di cui diffidare quando arriverà il momento di assaggiare il cibo solido e, soprattutto, di avere la possibilità di acquisire una gestualità per imitazione.

L'imitazione è una parte fondamentale nel processo di apprendimento e di crescita di un bambino. Vedere i genitori che compiono dei gesti (usare le posate, infilzare il cibo, portarlo alla bocca, masticare, bere dell'acqua ecc.) farà in modo che questi gesti diventino un bagaglio cognitivo che lui potrà automaticamente richiamare alla memoria e all'azione quando sarà il momento. Il bambino si fida completamente dei suoi genitori per cui darà per scontato che se quel gesto lo compiono mamma e papà allora è un gesto che anche lui può compiere.

In questa fase diventa molto importante la figura del papà. Capita spesso, soprattutto nei bambini allattati al seno, che il momento del pasto venga delegato completamente alla mamma. Il passaggio dal latte al cibo solido diventa un'occasione per il papà di inserirsi in una dinamica molto importante per il bambino, in un momento di sviluppo e di stimolo che è fondamentale che venga condiviso anche con lui. Nel caso di bambini allattati artificialmente il papà ha già avuto occasione di interagire con il bambino durante i pasti. In caso di allattamento al seno, invece, è quasi sempre solo la mamma a vivere il momento. Per questo, lo svezzamento diventa un passaggio ancora più importante per le relazioni familiari: la mamma deve imparare a dare spazio anche al papà e non vivere come un "compito suo" quello di dar da mangiare al bambino e il papà deve chiedere esplicitamente di poter essere lui ad aiutare il bambino con i primi assaggi, magari mangiando un boccone per uno, così che il bambino possa prendere esempio anche da lui e, con i suoi tempi, imitarlo.

L

LATTE

Iniziare lo svezzamento non significa eliminare il latte dalla dieta quotidiana o limitarlo ad una parte residuale.

L'Organizzazione Mondiale della Sanità ha più volte sostenuto come il latte, materno o in formula che sia, debba rimanere l'alimento principale della dieta di un bambino fino ai 12 mesi.

Questo significa, indicativamente, che, durante la fase di svezzamento, il latte può essere collocato almeno nei 3 momenti fondamentali che sono:

- colazione

- merenda

- post cena/pre nanna

Se dopo i pasti il bambino richiede il latte, possiamo tranquillamente continuare a proporglielo. Fino ai 12 mesi rappresenta un elemento straordinario per la sua crescita per cui non bisogna avere fretta di sostituirlo.

Chiaramente, come genitori, teniamo sempre alto il nostro livello di ascolto e comprensione.

Se siamo ormai vicini ai 12 mesi e capiamo che offrire sempre il latte subito dopo i pasti sta diventando una "scusa" per rifiutare qualsiasi cibo solido, cerchiamo di prendere i dovuti accorgimenti. Ma se questo avviene prima dei 12 mesi e comunque in accompagnamento ad assaggi di cibo normale non facciamoci prendere dall'ansia di eliminarlo.

Se invece il bambino dopo il pasto solido non richiede il latte possiamo prenderlo come un segnale che il suo corpo non necessita di altro in quel momento. Cerchiamo magari di riproporglielo a merenda in modo che l'apporto di latte si mantenga ad un buon livello.

Il latte prima della nanna è una delle domande che assilla le mamme. Magari il bambino ha già mangiato una cena abbondante. Oppure passa poco tempo tra la fine della cena e la messa a nanna. Ovviamente non è indispensabile darglielo se lui non lo richiede così come non ci sono motivi reali per negarglielo se ne sente la necessità.

A volte il latte è un fantastico rilassante per conciliare il sonno, perché negarglielo visto che fa pure bene?

Ricordiamoci sempre che gli adulti restiamo noi e che, senza bisogno di vietare qualcosa che viene richiesto, possiamo cercare di giocare sulle quantità (riducendole se riteniamo essere eccessive) oppure sul diluire il latte con un po' di acqua (sempre che ce ne sia un motivo valido).

Quindi, in sostanza, le poppate intanto continueranno con la cadenza abituale, ma inevitabilmente quelle vicino al pranzo e alla cena diventeranno sempre meno consistenti fino a scomparire.

In caso di allattamento al seno, se la mamma lo desidera, il consiglio è di proseguire anche fino ai 2 anni di età e oltre.

Se invece il bambino prende il latte in formula (o se dall'allattamento al seno si desidera passare al latte artificiale), il dibattito su quale latte utilizzare è acceso tra pediatri, nutrizionisti e addetti ai lavori.

Fino ai 12 mesi è comunque raccomandato scegliere un latte specifico per bambini (fino ai 6 mesi il latte adatto è indicato con il numero 1; dai 6 ai 12 mesi si parla di "latte di proseguimento" ed è indicato con il numero 2 - liquido o in polvere che sia). Il latte vaccino non è adatto a bambini sotto i 12 mesi in quanto apporta un eccesso di proteine e di sali minerali rispetto al reale fabbisogno, creando scompensi e provocando problemi ad un intestino ancora immaturo per questo alimento.

Dopo i 12 mesi, c'è chi sostiene sia possibile passare al **latte vaccino**. Alcuni pediatri consigliano di iniziare con latte intero fresco, diluendolo con l'acqua (prima metà latte e metà acqua, poi 2/3 latte e 1/3 acqua). Altri indicano come soluzione il latte parzialmente scremato, senza ulteriori dettagli.

Molti altri pediatri però, sostengono che sia più opportuno, almeno fino ai 24 mesi, somministrare il cosiddetto "latte di crescita" che presenta un contenuto minore di proteine (di cui la dieta dei bambini è fin troppo ricca) e un contenuto maggiore di ferro, indispensabile in questa fase di sviluppo.

La scelta tra latte vaccino e latte di crescita dopo i 12 mesi potrebbe quindi dipendere dalla quantità assunta e dal complessivo regime alimentare: se il bambino beve ancora una notevole quantità di latte è sicuramente più opportuno offrirgli il latte crescita. Se invece il latte venisse assunto solo a colazione e se durante gli altri pasti l'apporto proteico non fosse eccessivo si potrebbe tranquillamente passare al latte vaccino (circa 250/300 ml al giorno e comunque non oltre i 400 ml).

In commercio esistono numerose bevande che vengono indicate con il nome di "latte": attenzione a non cadere nell'errore di considerarle come un sostituto perfetto del latte inteso in senso stretto perché a queste bevande mancano diversi nutrienti che invece il latte garantisce (il calcio, fondamentale per un organismo in formazione e anche nelle età successive - mezzo litro di latte fornisce il 75% della quantità di calcio necessaria quotidianamente - oltre alla vitamina A e alcune vitamine del gruppo B, tutte essenziali per una crescita sana).

Questo non significa che non possano essere proposte ai bambini, l'importante è essere consapevoli del fatto che non sono sostituti di pari livello. Ai bambini che non gradiscono il latte possono essere offerti derivati quali formaggi, yogurt, budino ecc. affinché i livelli di nutrienti necessari vengano rispettati.

In commercio si possono invece trovare:

- **latte di capra**: contiene proteine leggermente diverse da quelle del latte vaccino ed è molto digeribile;
- **latte di soia**: si ottiene dai semi di soia ammorbiditi in acqua, macinati e spremuti per ricavarne il succo che viene poi diluito in acqua bollente e centrifugato. Normalmente viene integrato con zuccheri, grassi e sali minerali per dargli maggiore sostanza;
- **latte di riso**: carente di proteine e ricco di carboidrati, non può sostituire il latte vaccino anche se può risultare una bevanda rinfrescante durante la giornata;

- **latte d'avena**: molto simile al latte di riso come composizione. A differenza di quello di riso contiene glutine e non è quindi adatto ai celiaci;
- **latte di mandorle**: è generalmente più calorico degli altri (spesso viene anche dolcificato). Apporta numerosi nutrienti utili quali acidi grassi polinsaturi, magnesio, ferro, calcio e vitamine del gruppo B.

M

MENU

Fino a qui la teoria è chiara. Ma quando si affronta la pratica i dubbi vengono a galla. Uno dei più diffusi, soprattutto in caso di autosvezzamento dove non vengono consegnate tabelle dettagliate, è la preparazione di un menu che sia adeguato al bambino, alle sue esigenze e che insieme possa essere condiviso e gradito da tutta la famiglia (genitori e altri figli).

In realtà è meno complicato di quanto possa sembrare. La difficoltà sta solo nello scardinare abitudini e modificare la propria dieta sulla base di indicazioni sane che andrebbero seguite indipendentemente dall'arrivo di un nuovo bambino.

Sicuramente lo svezzamento rappresenta un momento di riflessione sulle proprie abitudini alimentari e l'occasione giusta per correggere eventuali errori.
Un metodo corretto potrebbe essere quello di seguire le indicazioni delle ATS territoriali (Azienda Tutela Salute - ex ASL) che stilano i menu per gli istituti scolastici sulla base delle linee guida del Ministero e dell'Organizzazione Mondiale della Sanità.

La corretta alimentazione nei primi anni di vita (e in particolare nei primi 1000 giorni) è considerata fondamentale per la salute e il benessere non solo nell'età infantile ma anche nelle epoche successive della vita.
Le corrette abitudini alimentari e uno stile di vita sano adottato fin dai primi anni consentono infatti:

- uno sviluppo fisico e mentale corretto
- la probabilità di mantenere buone condizioni di salute nelle età successive

- il mantenimento di corretti stili alimentari e di vita in età adulta grazie all'effetto-memoria

Secondo le indicazioni di una tra le ATS della Regione Lombardia (si tratta dell'ATS di Bergamo ma i protocolli possono essere considerati abbastanza allineati in tutta Italia), questa è la distribuzione alimentare media e consigliata:

Colazione

- Latte fresco intero o yogurt al naturale intero o formaggio fresco (ricotta fresca di vacca/capra o crescenza)

a cui associare

- cereali integrali
- pane a ridotto contenuto di sale o fette biscottate o fiocchi di cereali o fetta di torta casalinga senza farcitura tipo torta margherita, ciambella, plum-cake o biscotti secchi

e

- frutta fresca (macedonia, frullato di frutta, spremuta fresca)

Spuntino di metà mattina

- Frutta fresca di stagione o spremuta di agrumi o frullato di frutta
- Crackers
- Fette biscottate integrali
- Grissini
- Pane comune o integrale (preferibilmente a ridotto contenuto di sale)

Merenda

- Torta fatta in casa tipo margherita, di mele, di carote, allo yogurt, di ricotta, al limone, crostata con marmellata

- Budino alla vaniglia o al cioccolato fatto in casa
- Frutta fresca di stagione o macedonia
- Frullato di frutta o frappè o spremuta di frutta fresca
- Fette biscottate con confettura extra
- Pane a ridotto contenuto di sale con miele o confettura extra o cioccolato (max 20 gr fondente)
- Yogurt al naturale con aggiunta di frutta fresca
- Popcorn senza grassi aggiunti preparati in casa
- Gelato, preferibilmente alla frutta
- Merendina tipo plum-cake, crostatina alla marmellata, pan di spagna con farcitura di marmellata, tortina alle carote

Pranzo e cena

PRANZO		CENA
Primo piatto asciutto	⇨	Primo piatto in brodo (con verdura)
Primo piatto in brodo	⇨	Primo piatto asciutto
Secondo piatto con:	⇨	Secondo piatto con:
- uova		- pesce o carne o legumi
- formaggio		- pesce o carne o legumi
- carne o pesce		- uova o formaggio o legumi
Piatto unico a base di:	⇨	Primo in brodo o asciutto + Secondo del tipo:
- carne		- uova o formaggio o legumi
- formaggio: pizza, gnocchi alla romana, cannelloni, crespelle		- pesce o carne
- legumi		- uova o formaggio o pesce o carne
- uova		- pesce o carne
Verdura cotta	⇨	Verdura cruda
Verdura cruda	⇨	Verdura cotta o cruda
Frutta	⇨	Frutta/frutta cotta

- In alternativa al primo e secondo piatto servire piatto unico tipo pizza, polenta, zuppe di legumi evitando sovrapposizioni con il secondo piatto del pranzo.
- Le patate (che vanno considerate come pasta/riso/pane) possono essere servite come contorno associate ad altra verdura o sole se la verdura è già presente nel primo piatto (ad esempio passato di verdura).
- Proporre i salumi NON PIU' di una volta per settimana (e solo occasionalmente ai bambini fino ai 3 anni).
- Pane a ridotto contenuto di sale.

I menu scolastici vengono composti sulla base dei **LARN** (Livelli di Assunzione di Riferimento di Nutrienti ed energia per la popolazione italiana) che sono stati pubblicati dalla **Società Italiana di Nutrizione Umana** nel 2014 e che considerano i fabbisogni nutrizionali ed energetici medi di gruppo a livello settimanale (quindi l'assunzione non deve essere necessariamente giornaliera, bensì settimanale). Lo scopo dei LARN è dare delle linee di indirizzo per orientare fin dall'infanzia l'adozione di abitudini alimentari corrette e prevenire patologie croniche quali, tra le altre, diabete, malattie cardiovascolari, osteoporosi, obesità.

Per avere un'indicazione, nella tabella sono riportati i LARN del 2014 per fascia d'età e sesso (livelli giornalieri relativi al pranzo):

Range dei fabbisogni energetici di riferimento giornalieri e relativi al pranzo					
SCUOLA	ETÀ	M Kcal	F Kcal	RANGE (M-F) Kcal	PRANZO 35% Kcal/die
ASILO NIDO	1-2 anni	870-1130	790-1050	790-1130	277-396
sezione primavera	2-3 anni	1130-1390	1050-1280	1050-1390	368-487
SCUOLA dell'INFANZIA	3-6 anni	1390-1640	1280-1520	1280-1640	448-574
SCUOLA PRIMARIA	6-8 anni	1640-1870	1520-1720	1520-1870	532-654
	8-11 anni	1870-2440	1720-2210	1720-2440	602-854
SCUOLA SECONDARIA di 1°grado	11-14 anni	2440-2960	2210-2490	2210-2960	773-1036

Gli studi scientifici attualmente disponibili suggeriscono di suddividere l'apporto calorico giornaliero in **cinque pasti** con la seguente distribuzione:

- 15% delle Kcal giornaliere per la colazione
- 5% delle Kcal giornaliere per lo spuntino di metà mattina
- 35-40% delle Kcal giornaliere per il pranzo
- 5-10% delle Kcal giornaliere per la merenda
- 30-35% delle Kcal giornaliere per la cena

È bene sottolineare che un controllo eccessivo di quantitativi e nutrienti rischia di scontrarsi con l'idea di fondo, soprattutto in fase di svezzamento (e ancora di più di autosvezzamento), che il pasto debba essere un momento piacevole e rilassante, non un ruolino di marcia da seguire rigidamente.

Ogni bambino è a sé e sicuramente può succedere che il suo fabbisogno si attesti sopra o sotto il range indicato nelle tabelle. Questo non deve destare nessun tipo di preoccupazione o allarmismo. Le indicazioni quantitative possono e devono rappresentare un'utile indicazione per i genitori che sentono la necessità di farsi un'idea di quello che è stabilito esser un consumo medio, almeno per capire se il proprio bambino si posiziona in linea oppure no. Ma questo non deve diventare fonte di stress e di controllo maniacale.

Potevo scegliere di non inserire queste tabelle per non vanificare quanto spiegato finora ma siccome da mamma che ci è passata so esattamente che l'istinto è quello di ricercare queste informazioni, ho ritenuto più opportuno inserirle qui, prendendole da fonti istituzionali e valide, almeno per dare un quadro completo della questione a chi sente di averne bisogno.

La tabella che segue entra ancora di più nel dettaglio della grammatura per fascia d'età ed è tra le più complete presenti.

Anche in questo caso si tratta di valori indicativi medi (in grammi) che possono guidare le scelte attuate senza però stravolgere gusti, preferenze e abitudini.

	Alimenti	Scuola Infanzia		Scuola Primaria		Scuola Secondaria di 1°grado
		Sezione primavera 2-3 anni	3-6 anni	6-8 anni	8-11 anni	11-14 anni
PRIMI PIATTI	Pasta o riso o altri cerali asciutti	40-50	50-60	60-70	70-80	80-90
	Pasta o riso o altri cereali in brodo o crostini	20-30	25-30	25-30	30-35	35-40
	Tortellini freschi o ravioli di magro freschi	-	-	70-80	80-90	90-100
	Gnocchi	100-120	120-150	150-170	170-190	190-220
	Farina mais per polenta	40-50	50-60	60-70	70-80	70-90
	Patate (se sostituiscono il primo piatto)	160-200	200-240	240-270	250-300	300-350
	CONDIMENTI PER PRIMI ASCIUTTI SEMPLICI					
	Olio extravergine d'oliva	5	5	5	6	6
	Parmigiano Reggiano o Grana Padano	3	3	3-5	3-5	5
	Pesto alla genovese	5	5	5	10	15
	Pomodoro pelati	20-40	25-50	30-60	30-60	30-70
	Verdure per sughi	q.b.	q.b.	q.b.	q.b.	q.b.
	CONDIMENTI PER PRIMI ASCIUTTI ELABORATI					
	Ricotta	-	10-15	10-15	15-20	20-25
	Formaggi stagionati	-	5-10	5-10	10-15	15-20
	Legumi	-	10	10	10-15	15-20
	Tonno	-	10	10	10-15	10-20
	Carne per ragù leggero	-	10-15	10-15	10-20	10-20
	INGREDIENTI PER PRIMI IN BRODO					
	Olio extravergine d'oliva	2	2	2	3	4
	Parmigiano Reggiano o Grana	3	3-5	3-5	3-5	5

	Verdure per minestroni, passati	50	50	70	70	90
	Legumi secchi	5-10	10	10	15	20
	Legumi freschi o gelo	15-20	30	30	50	60
	Patate	20-30	30-40	30-40	40-50	60-70
SECONDI PIATTI	**Carne:** pollo, tacchino, vitello, vitellone, maiale	30-40	40-50	50-60	60-70	70-80
	Carne per polpette: pollo, tacchino, vitellone, maiale	20-30	30-40	40-50	50-60	60-70
	Pesce: filetti di nasello, sogliola, platessa, merluzzo, pesce spada, palombo ecc.	50-60	60-70	70-80	80-90	90-100
	Bastoncini di merluzzo	no	n. 2-3	n. 2-3	n. 3-4	n. 4-5
	CONDIMENTI II° piatto					
	Olio extravergine d'oliva	5	5	5	6	6
	Legumi secchi	20	30-40	30-40	35-40	40-50
	Legumi gelo	60	90-120	90-120	110-120	120-150
	FORMAGGI					
	Formaggi a pasta molle o filata: (mozzarella, crescenza, primo sale, caciotta, taleggio, fontina ecc.)	30	30-50	40-50	50-60	60-80
	Formaggi a pasta dura: (Parmigiano reggiano, grana padano, italico, emmenthal, asiago, latteria ecc.)	20	20-30	30-40	40-50	50-60
	Ricotta	50-60	60-80	70-80	80-100	100-125
	Uova	½ (30-40 g)	1 (50 g)	1 (50 g)	1 (50-60 g)	1e½ (75 g)
	Prosciutto cotto, crudo, bresaola	20	30-40	40-50	40-50	50-60
	Affettati di tacchino o pollo	30	40-50	50-60	50-60	60-70

PIATTI UNICI	Pizza margherita (peso cotto)	80-120	100-150	130-180	140-200	230-250
	Pasta + legumi secchi	20+20	30-40+30	35+35	40+40	40+40
	Pasta + fromaggio fresco	40+20	50+40	60+50	60+50	80+60
	Pasta + ragù	40+20	50+40	60+50	60+50	80+70
CONTORNI	Verdura cruda in foglia^	20	20-30	30-40	40-50	40-60
	Verdura cruda^	30-60	40-80	60-80	70-90	90-120
	Verdura cotta^	60-80	80-100	80-100	90-120	100-150
	Patate	80-100	90-100	100-120	100-120	130-160
	Purè di patate	60-80	70-100	80-100	100-120	110-140
	Legumi freschi o gelo	30	30-50	30-60	30-60	60-90
	Legumi secchi	10	10-15	10-20	10-20	20-30
	Olio extravergine d'oliva	4-5	4-5	5	6	7-8
FRUTTA	Banane, uva, cachi	60	80-100	80-100	100-120	120-150
	Frutta	80-100	100-120	100-120	120-150	200
PANE	con contenuto di sale ridotto (1,7% riferito alla farina)	25-30	30-40	50	50-60	60-80
	nella giornata della pizza con contenuto di sale ridotto (1,7% riferito alla farina)	15	15	25	30	30
	nella giornata della pizza Grissini o cracker	-	-	15	15	15

Le grammature sono riferite all'alimento crudo, al netto degli scarti.

Sempre l'ATS di Bergamo propone anche dei "**menu tipo**" da utilizzare a rotazione.

Sono menu pensati su 5 giorni, per il pranzo, perché sono da destinare alle mense scolastiche (e infatti la divisione dei quantitativi per fasce d'età rispecchia quella degli ordini di scuola principali: infanzia, primaria, secondaria). Ma ogni genitore potrebbe tranquillamente prenderne spunto per comporre dei menu mensili per tutta la famiglia, seguendo gli abbinamenti e scegliendo quei piatti maggiormente in linea con le proprie preferenze, senza rinunciare alla varietà e alla completezza di una dieta sana ed equilibrata.

Vengono proposti **cinque schemi dietetici che si differenziano per le fonti proteiche**, quindi tali menu vengono elencati in base alla tipologia dei secondi piatti.

Da questi schemi si potrà elaborare la propria tabella dietetica, scegliendo secondo questi criteri (per individuare come completare il menu con la cena tenere in considerazione le quantità di carne/pesce/legumi/uova/formaggi previste dalla piramide transculturale - capitolo successivo):

- 1 volta a settimana scegliere un menu tra i pasti designati con la lettera L (legumi)
- 1 volta a settimana scegliere un menu tra i pasti designati con la lettera P (pesce)
- 1 volta a settimana scegliere un menu tra i pasti designati con la lettera F (formaggi)
- 1 volta a settimana scegliere un menu tra i pasti designati con la lettera U (uova)
- 1 volta a settimana scegliere un menu tra i pasti designati con la lettera C (carne)

Le indicazioni partono dall'anno di età ma le stesse possono essere utilizzate per bambini dai 6 ai 12 mesi, lasciandosi sempre guidare dal bambino per definire le quantità più adatte alle sue esigenze e partendo da quei menu più facili da gestire per bambini nel passaggio dal cibo liquido a quello semisolido/solido (zuppe, vellutate, formaggi spalmabili, riso, pastina, purè ecc.).

MENU A BASE DI LEGUMI

Si consiglia di alternare le diverse varietà di legumi, in modo che i bambini possano conoscerle tutte.

Menu	Ricette	Ingredienti	Nido 1-3 anni	Infanzia	Primaria	Secondaria
		PASTI A BASE DI LEGUMI				
L1	Zuppa di legumi	**Pasta**	g 15	g 20	g 30	g 30
	Zucchine	ceci	g 20	g 30	g 40	g 40
	Pane	lenticchie	g 20	g 30	g 40	g 40
	Frutta	piselli	g 20	g 30	g 40	g 40
		Zucchine	g 50	g 100	g 150	g 150
		Pane	g 20	g 50	g 60	g 75
		Frutta	g 100	g 150	g 200	g 200
		Olio EVO	g 15	g 15	g 15	g 18
		Parmigiano Reggiano	g 5	g 5	g 10	g 10
L2	Polenta e lenticchie	**Farina di mais**	g 40	g 65	g 80	g 90
	Carote	lenticchie	g 30	g 30	g 40	g 50
	Pane integrale	**Carote**	g 40	g 80	g 100	g 150
	Frutta	**Pane integrale**	g 20	g 40	g 30	g 35
		Frutta	g 100	g 150	g 200	g 200
		Olio EVO	g 17	g 15	g 20	g 25
		pelati se graditi	q. b.	q. b.	q. b.	q. b.
L3	Pasta e ceci	**Pasta**	g 40	g 50	g 60	g 80
	Insalata	ceci	g 30	g 30	g 40	g 40
	Pane integrale	rosmarino	q. b.	q. b.	q. b.	q. b.
	Frutta	**Insalata**	g 30	g 70	g 80	g 100
		Pane integrale	g 20	g 60	g 80	g 80
		Frutta	g 100	g 150	g 200	g 200
		Olio EVO	g 10	g 17	g 17	g 17

		Parmigiano Reggiano	g 10	g 10	g 10	g 10
L4	Vellutata di piselli	**Piselli**	g 70	g 100	g 120	g 150
	Zucchine ripiene	patate	g 110	g 130	g 200	g 250
	Pane integrale	**Zucchine**	g 70	g 100	g 200	g 200
	Frutta	erbette	g 20	g 30	g 50	g 50
		patate	g 40	g 50	g 80	g 100
		Pane	g 30	g 50	g 70	g 80
		Frutta	g 100	g 150	g 200	g 200
		Olio EVO	g 15	g 11	g 15	g 15
		Parmigiano Reggiano	g 10	g 15	g 15	g 20
L5	Pasta al pomodoro	**Pasta**	g 40	g 50	g 60	g 70
	Crocchette di ceci	pelati	g 30	g 50	g 50	g 100
	Finocchi	**Ceci secchi**	g 25	g 30	g 40	g 40
	Pane	patate	g 30	g 50	g 100	g 80
	Frutta	olive	g 5	g 10	g 15	g 20
		pangrattato e timo	q. b.	q. b.	q. b.	q. b.
		Finocchi	g 50	g 100	g 130	g 150
		Pane	g 20	g 30	g 30	g 40
		Frutta	g 100	g 150	g 200	g 200
		Olio EVO	g 15	g 15	g 15	g 15
		Parmigiano Reggiano	g 5	g 5	g 10	g 5
L6	Passato di verdura con crostini	**Verdura mista**	g 40	g 40	g 100	g 100
	Crocchette di lenticchie	patate	g 40	g 40	g 70	g 70
	Patate al forno	cavolfiore	g 25	g 25	g 25	g 25
	Pane	piselli	g 10	g 10	g 20	g 20
	Frutta	pane per crostini	//	g 20	g 30	g 20
		Lenticchie secche	g 30	g 30	g 40	g 40
		patate	q. b.	q. b.	q. b.	q. b.

		olive, pangrattato e timo	q. b.	q. b.	q. b.	q. b.
		Patate	g 100	g 100	q. b.	q. b.
		Pane	g 25	g 25	g 120	g 130
		Frutta	g 100	g 100	g 40	g 50
		Olio EVO	g 14	g 14	g 200	g 200
		Parmigiano Reggiano	g 6	g 6	g 19	g 19
L7	Risotto giallo	**Riso**	g 35			
	Purea di ceci e carote	brodo vegetale	q. b.			
	Carote	zafferano	q. b.			
	Pane	**Ceci secchi**	g 25			
	Frutta	carote	g 25			
		patate	g 30			
		burro	g 3			
		latte intero	g 30			
		Carote	g 25			
		Frutta	g 100			
		Pane	g 15			
		Olio EVO	g 5			
		Parmigiano Reggiano	g 5			
L8	Riso e prezzemolo	**Riso**	g 40			
	Lenticchie e carote	brodo vegetale	q. b.			
	Pane	prezzemolo	q. b.			
	Frutta	**Lenticchie secche**	g 30			
		carote	g 40			
		Frutta	g 100			
		Pane	g 20			
		Olio EVO	g 15			

		Parmigiano Reggiano	g 10			
L9	Pasta agli aromi	Pasta	g 35			
	Purea di ceci	aromi	q. b.			
	Insalata	Ceci secchi	g 25			
	Pane	carote	g 25			
	Frutta	patate	g 30			
		burro	g 3			
		latte intero	g 30			
		Insalata	g 25			
		Frutta	g 100			
		Pane	g 15			
		Olio EVO	g 10			
		Parmigiano Reggiano	g 10			
L10	Conchigliette con lenticchie	Pasta	g 40			
	Julienne di finocchi e zucchine gratinati	lenticchie secche	g 30			
	Pane	Zucchine	g 20			
	Frutta	Finocchi	g 20			
		latte intero	g 35			
		farina	q. b.			
		Pane	g 20			
		Frutta	g 100			
		Olio EVO	g 15			
		Parmigiano Reggiano	g 20			
	Farrotto allo zafferano	Farro decorticato		g 50	g 70	g 80
	Paté di cannellini e piselli	cipolla		q. b.	q. b.	q. b.
	Cavolfiore	brodo vegetale		q. b.	q. b.	q. b.
	Pane integrale	zafferano		q. b.	q. b.	q. b.

L11	Frutta	**Cannellini secchi**		g 15	g 20	g 20
		piselli secchi		g 15	g 20	g 20
		Cavolfiore		g 100	g 120	g 120
		Pane integrale		g 50	g 60	g 60
		Frutta		g 150	g 200	g 200
		Olio EVO		g 15	g 20	g 22
		Grana		g 5	g 10	g 10
L12	Passato di verdura con crostini	**Patate**		g 40	g 50	g 60
	Farinata di ceci con verdura	piselli		g 20	g 30	g 40
	Patate al forno	carote		g 30	g 40	g 40
	Pane	sedano		g 20	g 20	g 20
	Frutta	cipolle		g 20	g 25	g 20
		cavolfiore		g 20	g 25	g 30
		pane per crostini		g 20	g 25	g 25
		Farina di ceci		g 30	g 40	g 40
		verdura		g 30	g 40	g 40
		cipolla, pepe e sale		q. b.	q. b.	q. b.
		Patate		g 100	g 120	g 130
		Frutta		g 150	g 200	g 200
		Pane		g 30	g 45	g 50
		Olio EVO		g 14	g 18	g 20
		Grana		g 6	g 10	g 10
L13	Lasagne vegetariane (con legumi)	**Pasta**		g 50	g 80	g 80
	Fagiolini	farina		g 4	g 6	g 6
	Pane	piselli		g 70	g 70	g 80
	Frutta	latte parzialmente scremato		g 20	g 30	g 30
		pelati		g 50	g 60	g 60

		sedano, cipolle, carote, aromi		q. b.	q. b.	q. b.
		Fagiolini		g 100	g 140	g 200
		Pane		g 40	g 50	g 50
		Frutta		g 150	g 200	g 200
		Olio EVO		g 14	g 18	g 20
		Grana		g 8	g 8	g 10
L14	Piadina integrale con hummus di cannellini	**Farina integrale**		g 50	g 60	g 80
	Lattuga	acqua		g 30	g 35	g 40
	Pane	sale		q. b.	q. b.	q. b.
	Frutta	**Cannellini**		g 30	g 40	g 40
		limone		q. b.	q. b.	q. b.
		cipolle		q. b.	q. b.	q. b.
		pomodorini		g 20	g 25	g 25
		prezzemolo		q. b.	q. b.	q. b.
		Lattuga		g 70	g 80	g 100
		Frutta		g 150	g 200	g 200
		Pane		g 50	g 70	g 80
		Olio EVO		g 15	g 17	g 17
L15	Pasta di mais al pomodoro	**Pasta di mais**		g 50	g 60	g 70
	Hamburger di lenticchie	pelati		g 50	g 100	g 100
	Zucchine	cipolla e aromi		q. b.	q. b.	q. b.
	Pane integrale	**Lenticchie**		g 30	g 40	g 50
	Frutta	verdura		g 50	g 50	g 50
		patate		g 50	g 100	g 100
		sale, pepe, aromi		q. b.	q. b.	q. b.
		Zucchine		g 80	g 100	g 100
		Pane integrale		g 20	g 30	g 35
		Frutta		g 150	g 200	g 200
		Olio EVO		g 15	g 20	g 25

L16	Passato di verdura con crostini	**Patate**			g 40	g 50	g 60
	Crepes di ceci con ripieno di verdure	piselli			g 20	g 30	g 40
	Patate al forno	carote			g 30	g 40	g 40
	Pane	sedano			g 20	g 20	g 20
	Frutta	cipolle			g 20	g 25	g 30
		cavolfiore			g 20	g 25	g 30
		pane per crostini			g 30	g 40	g 40
		Farina di ceci			g 30	g 40	g 40
		pomodorini e lattuga			q. b.	q. b.	q. b.
		Patate			g 100	g 120	g 130
		Frutta			g 150	g 200	g 50
		Pane			g 30	g 45	g 200
		Olio EVO			g 14	g 18	g 20
		Grana			g 6	g 10	g 10
L17	Gnocchi di ceci al pomodoro	**Farina di ceci**			g 40	g 50	g 55
	Patate e fagiolini al forno	farina bianca			g 25	g 30	g 35
	Pane	acqua			q. b.	q. b.	q. b.
	Frutta	pelati			q. b.	q. b.	q. b.
		Patate			g 80	g 100	g 120
		Fagiolini			g 100	g 100	g 150
		Frutta			g 150	g 200	g 200
		Pane			g 30	g 50	g 55
		Olio EVO			g 10	g 15	g 15
		Grana			g 5	g 5	g 5

MENU A BASE DI PESCE

Si consiglia di alternare le diverse varietà di pesce, presentando di volta in volta qualità diverse di prodotti ittici diversificandone la modalità di cottura.

Menu	Ricette	Ingredienti	Nido 1-3 anni	Infanzia	Primaria	Secondaria
PASTI A BASE DI PESCE						
P1	Risotto alla parmigiana	**Riso**	g 50	g 60	g 70	g 100
	Sogliola al forno	burro	//	g 3	g 4	g 5
	Fagiolini	brodo vegetale	q. b.	q. b.	q. b.	q. b.
	Pane	**Pesce**	g 50	g 100	g 150	g 140
	Frutta	carote, sedano	g 40	g 40	g 40	g 40
		aromi	q. b.	q.b.	q. b.	q. b.
		Fagiolini	g 50	g 100	g 100	g 150
		Pane	g 20	g 40	g 60	g 80
		Frutta	g 100	g 150	g 200	g 200
		Olio EVO	g 15	g 14	g 15	g 20
		Parmigiano Reggiano	g 5	g 5	g 5	g 6
P2	Pasta al pomodoro	**Pasta**	g 40	g 60	g 70	g 80
	Crocchette di pesce	pelati	g 30	g 50	g 50	g 50
	Finocchi	aromi	q. b.	q. b.	q. b.	q. b.
	Pane	**Pesce**	g 50	g 100	g 140	g 150
	Frutta	patate	g 30	g 20	g 40	g 50
		uovo	g 6	g 6	g 6	g 10
		pangrattato	q. b.	q. b.	q. b.	q. b.
		Finocchi	g 50	g 100	g 120	g 150
		Pane	g 20	g 25	g 50	g 60
		Frutta	g 100	g 150	g 200	g 200

		Olio EVO	g 15	g 15	g 20	g 23
		Parmigiano Reggiano	g 5	g 5	g 5	g 5
P3	Passato di verdura con riso	**Patate**	g 120	g 100	g 120	g 80
	Pesce impanato	piselli	g 20	g 40	g 40	g 100
	Patate al forno	carote	g 10	g 30	g 40	g 50
	Pane	sedano	g 10	g 20	g 20	g 30
	Frutta	cipolle	g 15	g 20	g 25	g 30
		cavolfiore	g 15	g 20	g 25	g 40
		riso	g 30	g 20	g 30	g 30
		Pesce	g 50	g 120	g 150	g 140
		pangrattato	q. b.	q. b.	q. b.	q. b.
		Patate	g 60	g 100	g 120	g 200
		Frutta	g 100	g 150	g 200	g 200
		Pane	g 20	g 30	g 50	g 60
		Olio EVO	g 15	g 15	g 20	g 20
		Parmigiano Reggiano	g 5	g 5	g 5	g 5
P4	Risotto con piselli	**Pasta**	g 50	g 50	g 70	g 100
	Pesce al forno	zucchine	g 25	g 50	g 50	g 125
	Carote	**Nasello**	g 50	g 120	g 140	q.b.
	Pane	pelati	g 20	g 30	q. b.	g 140
	Frutta	**Spinaci**	g 30	g 100	g 100	q. b.
		Pane	g 20	g 50	g 70	g 100
		Frutta	g 100	g 150	g 200	g 50
		Olio EVO	g 15	g 20	g 20	g 20
		Parmigiano Reggiano	g 5	g 5	g 5	g 5
	Pasta con zucchine	**Pasta**	g 40	g 50	g 60	g 70

	Pesce in umido	pelati	g 30	g 50	g 50	g 100
	Spinaci	**Ceci secchi**	g 25	g 30	g 40	g 40
	Pane	patata	g 30	g 50	g 100	g 80
P5	Frutta	olive	g 5	g 10	g 15	g 20
		pangrattato e timo	q. b.	q. b.	q. b.	q. b.
		Finocchi	g 50	g 100	g 130	g 150
		Pane	g 20	g 30	g 30	g 40
		Frutta	g 100	g 150	g 200	g 200
		Olio EVO	g 15	g 15	g 15	g 15
		Parmigiano Reggiano	g 5	g 5	g 10	g 5
	Pasta al pomodoro	**Pasta**	g 50	g 50	g 70	g 100
	Cuore di merluzzo allo zafferano	pelati	g 30	g 50	g 50	g 50
P6	Zucca	**Merluzzo**	g 50	g 120	g 140	g 140
	Pane	carote, sedano, cipolla	q. b.	q. b.	q. b.	q. b.
	Frutta	zafferano	q. b.	q. b.	q. b.	q. b.
		Zucca	g 50	g 100	g 100	g 150
		Pane	g 20	g 50	g 70	g 70
		Frutta	g 100	g 150	g 200	g 200
		Olio EVO	g 15	g 15	g 19	g 20
		Parmigiano Reggiano	g 5	g 5	g 5	g 5
	Chicche al pomodoro	**Patate**	g 90 (se gnocchi Confezionati g 120)	g 100 (se gnocchi Confezionati g 140)	g 130 (se gnocchi Confezionati g 140)	g 150 (se gnocchi Confezionati g 140)
	Sogliola impanata al forno	farina	g 25	g 30	g 30	g 40
	Lattuga	pomodoro	q. b.	q. b.	q.b.	q.b.

P7	Pane	**Pesce**	g 50	g 100	g 150	g 150
	Frutta	limone, salvia	q. b.	q. b.	q. b.	q. b.
		pangrattato	q. b.	q. b.	q. b.	q. b.
		Lattuga	g 30	g 70	g 80	g 100
		Pane	g 25	g 40	g 60	g 80
		Frutta	g 100	g 150	g 200	g 200
		Olio EVO	g 15	g 15	g 19	g 21
		Parmigiano Reggiano	g 5	g 5	g 5	g 10
P8	Pasta al sugo di pesce	**Pasta**	g 50	g 50	g 70	g 80
	Carote	pelati	g 30	g 50	g 50	g 50
	Pane	aglio	//	q. b.	q. b.	q. b.
	Frutta	pesce	g 50	g 120	g 140	g 150
		Carote	g 50	g 80	g 120	g 150
		Pane	g 20	g 50	g 70	g 75
		Frutta	g 100	g 150	g 200	g 200
		Olio EVO	g 15	g 16	g 20	g 20
		Parmigiano Reggiano	g 5	g 5	g 5	g 5
P9	Risotto giallo	**Riso**	g 50	g 50	g 80	g 100
	Pesce al forno	brodo vegetale	q. b.	q. b.	q. b.	q. b.
	Fagiolini	zafferano	q. b.	q. b.	q. b.	q. b.
	Pane	cipolle	q. b.	q. b.	q. b.	q. b.
	Frutta	**Pesce**	g 50	g 120	g 150	g 140
		Fagiolini	g 100	g 100	g 150	g 150
		Pane	g 20	g 50	g 55	g 70
		Frutta	g 100	g 150	g 200	g 200
		Olio EVO	g 15	g 15	g 20	g 20
		Parmigiano Reggiano	g 5	g 5	g 5	g 5

	Risotto giallo	**Riso**	g 40	g 60	g 70	g 100
	Crocchette di pesce	brodo vegetale	q. b.	q. b.	q. b.	q. b.
	Finocchi	zafferano, cipolla	q. b.	q. b.	q. b.	q. b.
	Pane	**Pesce**	g 50	g 100	g 140	g 150
P10	Frutta	prezzemolo	q. b.	q. b.	q. b.	q. b.
		pangrattato	q. b.	q. b.	q. b.	q. b.
		patate	g 30	g 20	g 30	g 40
		uovo	g 6	g 6	g 6	g 10
		Finocchi	g 100	g 100	g 100	g 100
		Pane	g 20	g 30	g 40	g 50
		Frutta	g 100	g 150	g 200	g 200
		Olio EVO	g 10	g 15	g 17	g 20
		Parmigiano Reggiano	g 5	g 5	g 4	g 10
	Penne alla marinara	**Pasta**	g 50	g 50	g 70	g 90
	Carote	aglio	q. b.	q. b.	q. b.	q. b.
P11	Pane	prezzemolo	q. b.	q. b.	q. b.	q. b.
	Frutta	**Sogliola**	g 50	g 120	g 140	g 140
		Carote	g 50	g 100	g 120	g 120
		Pane	g 20	g 50	g 70	g 60
		Frutta	g 100	g 150	g 200	g 200
		Olio EVO	g 15	g 17	g 21	g 21
	Minestrina di piselli	**Riso**	g 35			
	Pesce al forno	piselli	g 25			
P12	Carote	carote, cipolle	q. b.			
	Pane	**Pesce**	g 50			
	Frutta	pelati	g 20			
		Carote	g 50			

		Pane	g 30			
		Frutta	g 100			
		Olio EVO	g 15			
		Parmigiano Reggiano	g 5			
P13	Gnocchi di semolino	Semolino	g 50			
	Merluzzo al pomodoro	brodo vegetale	q. b.			
	Finocchi	Merluzzo	g 50			
	Pane	pelati	g 20			
	Frutta	Finocchi	g 50			
		Pane	g 20			
		Frutta	g 100			
		Olio EVO	g 15			
		Parmigiano Reggiano	g 5			
P14	Minestrina delicata	Riso	g 30			
	Crocchette di pesce	patate	g 60			
	Fagiolini	brodo vegetale	q. b.			
	Pane	prezzemolo	q. b.			
	Frutta	Pesce	g 50			
		patate	g 30			
		uovo	g 6			
		pangrattato	g 5			
		Fagiolini	g 50			
		Pane	g 20			
		Frutta	g 100			
		Olio EVO	g 15			
		Parmigiano Reggiano	g 5			

P15	Fusilli al sugo di verdura	**Pasta**		g 60	g 80	g 95
	Insalata di calamari	verdura		g 50	g 70	g 100
	Pomodori	**Calamari**		g 120	g 150	g 140
	Pane	prezzemolo		q. b.	q. b.	q. b.
	Frutta	**Pomodori**		g 100	g 150	g 150
		Frutta		g 150	g 200	g 200
		Pane		g 50	g 60	g 60
		Olio EVO		g 15	g 20	g 20
		Grana		g 5	g 5	g 5
P16	Penne al tonno	**Pasta**		g 50	g 70	g 90
	Carote	tonno (peso sgocciolato)		g 50	g 60	g 60
	Pane	limone, aglio e prezzemolo		q. b.	q. b.	q. b.
	Frutta	**Carote**		g 100	g 120	g 150
		Pane		g 50	g 70	g 60
		Frutta		g 150	g 200	g 200
		Olio EVO		g 17	g 21	g 21
P17	Cous cous con ratatouille di verdura	**Cous cous**		g 50	g 70	g 80
	Pesce al forno	pelati		g 50	g 100	g 100
	Carote	verdura mista		g 100	g 120	g 150
	Pane	**Pesce**		g 100	g 120	g 140
	Frutta	verdure		q. b.	q. b.	q. b.
		Pane		g 50	g 60	g 60
		Frutta		g 150	g 200	g 200
		Olio EVO		g 15	g 20	g 20

P18	Farrotto alle verdure	**Farro decorticato**		g 50	g 75	g 80
	Pesce con capperi e olive	verdura		g 50	g 50	g 70
	Fagiolini	**Pesce**		g 100	g 140	g 140
	Pane	olive snocciolate		g 10	g 15	g 20
	Frutta	capperi, prezzemolo e origano		q. b.	q. b.	q. b.
		Fagiolini		g 50	g 70	g 100
		Pane		g 40	g 50	g 70
		Frutta		g 150	g 200	g 200
		Olio EVO		g 10	g 15	g 15

MENU A BASE DI FORMAGGI

È possibile alternare vari tipi di formaggio, oppure presentarne nello stesso piatto due tipi diversi (due mezze porzioni), avendo cura di sostituire e/o affiancare i formaggi seguendo lo schema riportato al termine dei menu. Si suggerisce di introdurre, in alternativa ai formaggi di latte vaccino, i formaggi di capra o di pecora.

		PASTI A BASE DI FORMAGGI				
Menu	Ricette	Ingredienti	Nido 1-3 anni	Infanzia	Primaria	Secondaria
F1	Cannelloni con ricotta e spinaci	**Pasta**	g 45	g 50	g 70	g 90
	Finocchi	spinaci	g 40	g 50	g 60	g 50
	Pane	ricotta	g 50	g 50	g 70	g 80
	Frutta	farina	g 5	g 10	g 5	g 5
		latte parzialmente scremato	g 50	g 50	g 10	g 10
		Finocchi	g 30	g 100	g 100	g 100
		Pane	g 20	g 50	g 100	g 100
		Frutta	g 100	g 150	g 50	g 60
		Olio EVO	g 15	g 12	g 200	g 200
		Parmigiano Reggiano	g 5	g 5	g 10	g 10
F2	Minestra di verdura	**Verdura**	g 40	g 50	g 50	g 50
	Sformato di formaggio e patate	piselli	g 30	g 50	g 50	g 60
	Pane	patate	g 100	g 100	g 150	g 160
	Frutta	cipolle	g 20	g 30	g 30	g 30
		Patate	g 100	g 150	g 200	g 230
		zucchine	g 60	g 50	g 100	g 50
		mozzarella	g 30	g 50	g 70	g 80
		pangrattato	q. b.	q. b.	q. b.	q. b.
		Pane	g 20	g 40	g 50	g 60
		Frutta	g 100	g 150	g 200	g 200

		Olio EVO	g 10	g 8	g 10	g 8
		Parmigiano Reggiano	g 5	g 5	g 5	g 5
F3	Pasta con ricotta (se gradito aggiungere del pomodoro)	**Pasta**	g 45	g 50	g 80	g 90
	Fagiolini	timo	q. b.	q. b.	q. b.	q. b.
	Pane	ricotta (parte della ricotta può essere servita come 2° piatto)	g 50	g 80	g 70	g 80
	Frutta	**Fagiolini**	g 50	g 100	g 100	g 100
		Frutta	g 100	g 150	g 200	g 200
		Pane	g 20	g 50	g 60	g 60
		Olio EVO	g 15	g 10	g 10	g 15
		Parmigiano Reggiano	g 10	g 10	g 10	g 10
F4	Pasta al pomodoro e basilico	**Pasta**	g 45	g 60	g 80	g 80
	Parmigiano Reggiano	pelati	g 30	g 30	g 50	g 50
	Erbette al forno	basilico	q. b.	q. b.	q. b.	q. b.
	Pane integrale	**Parmigiano Reggiano**	g 25	g 35	g 45	g 50
	Frutta	**Erbette**	g 80	g 80	g 100	g 150
		Pane	g 20	g 60	g 70	g 100
		Frutta	g 100	g 150	g 200	g 200
		Olio EVO	g 10	g 8	g 10	g 10
		Parmigiano Reggiano	g 5	g 3	g 5	g 10
F5	Risotto giallo	**Riso**	g 45	g 50	g 70	g 80
	Torta salata	cipolla e zafferano	q. b.	q. b.	q. b.	q. b.
	Finocchi	brodo vegetale	q. b.	q. b.	q. b.	q. b.
	Pane integrale	**Ricotta**	g 50	g 60	g 70	g 100
	Frutta	biete	g 50	g 50	g 50	g 50

93

		pangrattato	q. b.	q. b.	q. b.	q. b.
		Finocchi	g 30	g 80	g 120	g 120
		Pane	g 20	g 40	g 70	g 50
		Frutta	g 100	g 150	g 200	g 200
		Olio EVO	g 10	g 11	g 12	g 13
		Parmigiano Reggiano	g 10	g 15		
F6	Pasta al forno con formaggio	**Pasta di semola**	g 50	g 60	g 75	g 80
	Carote	burro	g 3	g 3	g 5	g 5
	Pane integrale	latte parzialmente scremato	g 30	g 50	g 50	g 50
	Frutta	farina	g 5	g 10	g 10	g 10
		Mozzarella (o fontina)	g 25	g 30 (g 25)	g 40 (g 35)	g 40 (g 35)
		pelati	g 50	g 60	g 60	g 60
		Carote	g 50	g 100	g 150	g 200
		Pane	g 20	g 40	g 50	g 70
		Frutta	g 100	g 150	g 200	g 200
		Olio EVO	g 10	g 5	g 5	g 7
		Parmigiano Reggiano	g 5	g 10	g 10	g 10
F7	Pizza margherita	**Farina tipo "0"**	g 40	g 75	g 100	g 130
	Fagiolini	mozzarella	g 30	g 40	g 60	g 80
	Pane	pelati	g 40	g 50	g 50	g 100
	Frutta	origano	q. b.	q. b.	q.b.	q.b.
		Fagiolini	g 50	g 100	g 150	g 150
		Pane	g 15	g 20	g 30	g 40
		Frutta	g 100	g 150	g 200	g 200
		Olio EVO	g 15	g 10	g 11	g 12
	Gnocchi alla romana	**Latte parzialment e scremato**	g 60	g 100	g 200	g 200

F8	Carote a fiammifero	semolino	g 45	g 50	g 75	g 85
	Pane	uovo	g 10	g 5	g 10	g 10
	Frutta	burro	g 5	g 3	g 3	g 3
		Carote	g 50	g 100	g 110	g 150
		Pane	g 30	g 50	g 60	g 75
		Frutta	g 100	g 150	g 200	g 200
		Olio EVO	g 14	g 10	g 13	g 13
		Parmigiano Reggiano	g 6	g 10	g 10	g 10
F9	Minestra d'orzo	**Orzo perlato**	g 25	g 25	g 45	g 70
	Formaggio fresco o ricotta	carote e sedano	g 50	g 50	g 60	/
	Spinaci e patate	patate	g 40	g 50	g 80	/
	Pane	brodo vegetale	q. b.	q. b.	q. b.	q. b.
	Frutta	**Formaggio fresco**	g 25	g 30	g 60	g 70
		oppure ricotta	g 50	g 60		
		Spinaci	g 30	g 100	g 120	g 150
		Patate	g 30	g 50	g 100	g 100
		Pane	g 20	g 60	g 60	g 75
		Frutta	g 100	g 150	g 200	g 200
		Olio EVO	g 10	g 8	g 8	g 8
		Parmigiano Reggiano	g 10	g 5	g 5	g 10
F10	Passato di verdura	**Farina tipo "0"**	g 40	g 75		
	Pizza margherita	mozzarella	g 40	g 40		
	Verdura	pelati	g 30	g 50		
	Pane	origano	q. b.	q. b.		
	Frutta	**Verdura**	g 60	g 100		
		Pane	g 15	g 20		
		Frutta	g 100	g 150		
		Olio EVO	g 10	g 10		

F11	Passato di verdura	**Verdura mista**	g 60			
	Pizza di patate	brodo vegetale	q. b.			
	Pane	**Patate**	g 150			
	Frutta	farina tipo "0"	g 5			
		latte intero	g 10			
		mozzarella	g 30			
		pelati	g 50			
		Pane	g 20			
		Frutta	g 100			
		Olio EVO	g 15			
F12	Risotto con verdura	**Riso**	g 45			
	Fior di latte con fagiolini	verdura	g 30			
	Pane	brodo vegetale	q. b.			
	Frutta	**Fior di latte**	g 30			
		Fagiolini	g 50			
		Pane	g 20			
		Frutta	g 100			
		Olio EVO	g 10			
		Parmigiano Reggiano	g 5			
F13	Minestra di julienne di carote, sedano e porri con riso	**Riso**	g 40			
	Torta di ricotta e spinaci	carote, sedano, porri	g 20			
	Pane	**Uovo**	n ½			
	Frutta	ricotta	g 40			
		spinaci	g 30			
		Pane	g 20			
		Frutta	g 100			

		Olio EVO	g 10			
		Parmigiano Reggiano	g 5			
F14	Torta con formaggio e spinaci	Spinaci	g 100			
	Pane	uovo	g 10			
	Frutta	farina	g 15			
		ricotta	g 15			
		pangrattato	g 10			
		Pane	g 50			
		Frutta	g 100			
		Olio EVO	g 10			
		Parmigiano Reggiano	g 20			
F15	Risotto con radicchio e scamorza	**Riso**		g 50	g 80	g 80
	Fagiolini	radicchio		g 50	g 50	g 70
	Pane integrale	scamorza		g 30	g 50	g 50
	Frutta	cipolla		g 30	g 30	g 40
		brodo vegetale		q. b.	q. b.	q. b.
		Fagiolini		g 100	g 150	g 150
		Frutta		g 60	g 80	g 85
		Pane integrale		g 150	g 200	g 200
		Olio EVO		g 9	g 8	g 10
		Grana		g 5	g 5	g 5
F16	Polenta con formaggio	**Farina di mais**		g 70	g 90	g 100
	Spinaci	formaggio stagionato		g 50	g 50	g 60
	Pane integrale	**Spinaci**		g 100	g 150	g 150
	Frutta	**Pane integrale**		g 60	g 70	g 70
		Frutta		g 150	200	g 200

				g 5	g 6	g 4
		Olio EVO				
F17	Crespelle alle verdure	Latte parzialmente scremato		g 150	g 200	g 220
	Spinaci e patate	uovo		g 25	g 30	g 35
	Pane integrale	farina		g 25	g 30	g 35
	Frutta	verdura		q. b.	q. b.	q. b.
		Spinaci		g 80	g 70	g 80
		patate		g 100	g 150	g 170
		Pane integrale		g 60	g 80	g 70
		Frutta		g 150	g 200	g 200
		Olio EVO		g 10	g 15	g 15
		Grana		g 10	g 10	g 15
F18	Insalata di cereale	Riso		g 50	g 80	g 80
	Lattuga	verdura mista		g 50	g 50	g 50
	Pane	piselli		g 50	g 50	g 60
	Frutta	patate		g 50	g 50	g 100
		grana		g 5	g 5	g 5
		mozzarella		g 50	g 70	g 80
		Lattuga		g 70	g 100	g 100
		Pane		g 40	g 50	g 60
		Frutta		g 150	g 200	g 200
		Olio EVO		g 8	g 8	g 8
		Grana		g 5	g 5	g 5
F19	Pizzoccheri	Pizzoccheri		g 50	g 60	g 70
	Fagiolini	spinaci o verze		g 50	g 50	g 100
	Pane integrale	patate		g 80	g 100	g 120
	Frutta	formaggio		g 30	g 35	g 40
		salvia		q. b.	q. b.	q. b.
		Fagiolini		g 100	g 100	g 100

		Pane integrale		g 30	g 40	g 60
		Frutta		g 150	g 200	g 200
		Olio EVO		g 8	g 10	g 10
		Grana		g 5	g 5	g 5
	Orzo e formaggio	**Orzo**		g 45	g 45	g 70
	Spinaci e patate	carote, pomodori, sedano		g 50	g 60	g 80
	Pane	patate		g 50	g 80	g 100
F20	Frutta	formaggio fresco		g 35	g 65	g 85
		Spinaci		g 100	g 120	g 150
		patate		g 50	g 100	g 100
		Pane		g 40	g 60	g 75
		Frutta		g 150	g 200	g 200
		Olio EVO		g 8	g 10	g 10

Per l'abbinamento o l'alternanza dei formaggi possono essere utili le indicazioni contenute nelle tabelle che seguono.

Formaggi FRESCHI tra di loro sostituibili (grassi inferiore al 25%)
Caciottina fresca
Crescenza
Fiocchi di formaggio magro
Fior di latte
Mozzarella di vacca
Mozzarella di bufala

Formaggi STAGIONATI tra di loro sostituibili (grassi superiori al 25%)
Branzi
Emmenthal
Fontina
Formai de mut
Italico
Parmigiano Reggiano
Asiago
Robiola
Taleggio/Stracchino

I formaggi tipo 1, tipo 2 e la ricotta possono essere sostituiti tra loro seguendo lo schema sotto indicato (ad es. g 50 di crescenza equivalgono a g 40 di formaggi tipo 2).

RICOTTA	FORMAGGI TIPO 1	FORMAGGI TIPO 2
80 g	40 g	35 g
100 g	50 g	40 g
120 g	60 g	50 g

MENU A BASE DI UOVA

In sostituzione della frittata è possibile presentare l'uovo sodo o strapazzato, in modo che, sia il tuorlo che l'albume, siano ben cotti.

PASTI A BASE DI UOVA						
Menu	Ricette	Ingredienti	Nido 1-3 anni	Infanzia	Primaria	Secondaria
U1	Gnocchi al pomodoro	**Patate**	g 90 (se gnocchi confezionati g 130)	g 100 (se gnocchi confezionat i g 140)	g 130 (se gnocchi confezionati g 140)	g 160 (se gnocchi confezionati g 140)
	Frittata ai carciofi	farina	g 25	g 30	g 30	g 50
	Insalata mista	pelati	q. b.	q. b.	g 40	g 60
	Pane	**Uova**	n° 1	n° 1	n° 1,5	n°1,5
	Frutta	carciofi	q. b.	q. b.	q. b.	q. b.
		Insalata mista	g 30	g 70	g 100	g 100
		Pane	g 20	g 60	g 60	g 80
		Frutta	g 100	g 150	g 200	g 200
		Olio EVO	g 10	g 11	g 13	g 17
		Parmigiano Reggiano	g 5	g 5	g 4	g 5
U2	Risotto con carciofi	**Riso**	g 50	g 60	g 80	g 80
	Frittata con verdure	carciofi	g 30	g 50	g 100	g 120
	Insalata	brodo vegetale	q. b.	q. b.	q. b.	q. b.
	Pane	**Uovo**	n° 1	n° 1	n° 1,5	n° 1,5
	Frutta	verdura	q. b.	q. b.	q. b.	q. b.
		Insalata	g 30	g 70	g 80	g 100
		Pane	g 20	g 50	g 60	g 75
		Frutta	g 100	g 150	g 200	g 200
		Olio EVO	g 10	g 12	g 13	g 15

		Parmigiano Reggiano	g 5	g 5	g 5	g 5
U3	Riso con piselli	Riso	g 35	g 50	g 75	g 100
	Frittata con verdura	piselli	g 25	g 50	g 50	g 100
	Zucca	cipolla, brodo vegetale	q. b.	q. b.	q. b.	q. b.
	Pane	Uovo	n° 1	n° 1	n° 1	n° 1,5
	Frutta	verdura	q. b.	q. b.	q. b.	q. b.
		Zucca	g 100	g 100	g 100	g 150
		Pane	g 20	g 50	g 70	g 70
		Frutta	g 100	g 150	g 200	g 200
		Olio EVO	g 10	g 10	g 15	g 14
		Parmigiano Reggiano	g 6	g 6	g 9	g 10
U4	Farro allo zafferano	Farro	g 50	g 50	g 80	g 80
	Crocchette all'uovo	zafferano	q. b.	q. b.	q. b.	q. b.
	Insalata	brodo vegetale	q. b.	q. b.	q. b.	q. b.
	Pane	Uovo	n° 1	n° 1	n° 1,5	n° 1,5
	Frutta	patate	g 40	g 40	g 40	g 40
		pangrattato	q. b.	q. b.	q. b.	q. b
		Insalata	g 30	g 100	g100	g 150
		Pane	g 20	g 50	g 50	g 60
		Frutta	g 100	g 150	g 200	g 200
		Olio EVO	g 10	g 11	g 12	g 15
		Parmigiano Reggiano	g 5	g 8	g 9	g 10
U5	Pasta al pomodoro	Pasta	g 50	g 50	g 70	g 90
	Frittata alle zucchine	pelati	g 30	g 50	g 50	g 50
	Pane	cipolla	g 10	g 10	g 20	g 20
	Frutta	Uova	n° 1	n° 1	n°1	n° 1,5

		zucchine	g 25	g 100	g 100	g 150
		Pane	g 20	g 50	g 60	g 60
		Frutta	g 100	g 150	g 200	g 200
		Olio EVO	g 10	g 9	g 11	g 12
		Parmigiano Reggiano	g 5	g 10	g 8	g 10
U6	Risotto giallo o al prezzemolo	**Riso**	g 45	g 60	g 80	g 80
	Frittata alle verdure	zafferano o prezzemolo	q. b.	q. b.	q. b.	q. b.
	Insalata	brodo vegetale	q. b.	q. b.	q. b.	q. b.
	Pane	**Uovo**	n° 1	n° 1	n° 1,5	n° 1,5
	Frutta	verdura	q. b.	q. b.	q. b.	q. b.
		Insalata	g 30	g 70	g 80	g 100
		Pane	g 20	g 50	g 60	g 75
		Frutta	g 100	g 150	g 200	g 200
		Olio EVO	g 10	g 12	g 13	g 15
		Parmigiano Reggiano	g 5	g 5	g 5	g 5
U7	Orzotto estivo	**Orzo perlato**	g 50	g 50	g 70	g 85
	Uovo sodo	zucchine, porri	g 30	g 60	g 75	g 90
	Insalata	**Uovo**	n° 1	n° 1	n° 1,5	n° 1,5
	Pane	**Insalata mista**	g 30	g 80	g 130	g 150
	Frutta	**Pane**	g 20	g 50	g 60	g 70
		Frutta	g 100	g 150	g 200	g 200
		Olio EVO	g 10	g 10	g 12	g 15
		Parmigiano Reggiano	g 5	g 5	g 5	g 5
U8	Pasta al pomodoro e basilico	**Pasta**	g 50	g 60	g 80	g 100
	Uovo sodo	pomodoro	q. b.	q. b.	g 50	q. b.
	Carote	basilico	q. b.	q. b.	q. b.	q. b.

	Pane integrale	Uovo	n° 1	n° 1	n° 1,5	n° 2
	Frutta	Carote	g 50	g 100	g 130	g 150
		Pane	g 20	g 60	g 70	g 80
		Frutta	g 100	g 150	g 200	g 200
		Olio EVO	g 10	g 12	g 13	g 10
		Parmigiano Reggiano	g 5	g 5	g 5	g 5
U9	Risotto con verdura	Riso	g 50	g 60	g 80	g 110
	Frittata al forno	verdura	q. b.	q. b.	g 50	q. b.
	Insalata	brodo vegetale	q. b.	q. b.	q. b.	q. b.
	Pane integrale	Uovo	n° 1	n° 1	n° 1	n° 1,5
	Frutta	Insalata	g 30	g 70	g 80	g 100
		Pane	g 20	g 60	g 75	g 90
		Frutta	g 150	g150	g 200	g 200
		Olio EVO	g 12	g 12	g 15	g 14
		Parmigiano Reggiano	g 5	g 5	g 9	g 10
U10	Minestra di julienne di carote, sedano e porri con pastina	Pastina	g 40			
	Crocchette d'uovo	carote, sedano, porri	g 20			
	Spinaci	brodo vegetale	q. b.			
	Pane	Uovo	n° 1			
	Frutta	patate	g 40			
		pangrattato	q. b.			
		Spinaci	g 30			
		Pane	g 20			
		Frutta	g 100			
		Olio EVO	g 10			

		Parmigiano Reggiano	g 5			
U11	Maccheroncini al tuorlo d'uovo	**Pasta**	g 50			
	Zucchine	tuorlo d'uovo	n° 1			
	Pane	**Zucchine**	g 50			
	Frutta	**Pane**	g 20			
		Frutta	g 100			
		Olio EVO	g 10			
		Parmigiano Reggiano	g 10			
U12	Maccheroncini alla massaia	**Pasta**	g 40			
	Omelette con ricotta e spinaci	pomodoro, sedano, prezzemolo, carote	g 50			
	Insalata mista	**Uovo**	n° ½			
	Pane	ricotta	g 30			
	Frutta	spinaci	g 40			
		Insalata mista	g 30			
		Pane	g 20			
		Frutta	g 100			
		Olio EVO	g 10			
		Parmigiano Reggiano	g 5			
U13	Riso con piselli	**Riso**	g 35			
	Crocchette d'uovo con verdura	piselli	g 25			
	Zucca	cipolla, brodo vegetale	q. b.			
	Pane	**Uovo**	n° 1			
	Frutta	patate	g 40			
		pangrattato	q. b.			

	Dish	Ingredient				
		verdura mista	q. b.			
		Zucca	g 50			
		Pane	g 20			
		Frutta	g 100			
		Olio EVO	g 10			
		Parmigiano Reggiano	g 5			
U14	Pennette al pomodoro	**Pasta**	g 50			
	Crocchette d'uovo	pelati	q. b.			
	Carote	**Uovo**	n° 1			
	Pane	patate	g 40			
	Frutta	pangrattato	q. b.			
		Carote	g 50			
		Pane	g 20			
		Frutta	g 100			
		Olio EVO	g 10			
		Parmigiano Reggiano	g 5			
U15	Orecchiette con broccoli	**Pasta**		g 50	g 80	g 100
	Crocchette d'uovo	broccoli		g 50	g 80	g 80
	Carote	aglio		q. b.	q. b.	q. b.
	Pane	**Uovo**		n° 1	n° 1,5	n° 1,5
	Frutta	patate		g 40	g 40	g 40
		pangrattato		q.b.	q.b.	g 20
		Carote		g 100	g 150	g 150
		Frutta		g 50	g 40	g 60
		Pane integrale		g 150	g 200	g 200
		Olio EVO		g 11	g 13	g 14
		Grana		g 10	g 10	g 10

U16	Crepes ai piselli	**Latte parzialmente scremato**		g 150	g 200	g 220
	Pomodori	uovo		g 30	g 60	g 60
	Pane	farina		g 25	g 30	g 35
	Frutta	piselli		g 120	g 200	g 225
		Pomodori		g 100	g 100	g 150
		Pane integrale		g 50	g 70	g 60
		Frutta		g 150	g 200	g 200
		Olio EVO		g 10	g 10	g 15
U17	Insalata di farro	**Farro**		g 50	g 50	g 85
	Carote	uovo		n° 1	n° 1	n° 1,5
	Pane	carote, sedano, pomodori		g 60	g 60	g 75
	Frutta	piselli		g 20	g 20	g 30
		Carote		g 100	g 100	g 150
		Pane		g 50	g 50	g 70
		Frutta		g 150	g 150	g 200
		Olio EVO		g 10	g 10	g 15
U18	Tagliatelle di frittatine verdi con spinaci e patate	**Uovo**		n° 1	n° 1,5	n° 2
	Carote	spinaci		g 50	g 50	g 50
	Pane integrale	patate		g 220	g 300	g 360
	Frutta	pelati e porri		q. b.	q. b.	q. b.
		Carote		g 100	g 130	g 150
		Pane integrale		g 60	g 70	g 80
		Frutta		g 150	g 200	g 200
		Olio EVO		g 12	g 13	g 10

MENU A BASE DI CARNE

Le lasagne, presenti nel gruppo CARNE, possono essere sostituite con pasta al ragù di carne utilizzando gli ingredienti indicati per la preparazione delle lasagne, nelle medesime quantità (escludere il latte).

PASTI A BASE DI CARNE						
Menu	Ricette	Ingredienti	Nido 1-3 anni	Infanzia	Primaria	Secondaria
C1	Pasta al pomodoro	**Pasta**	g 40	g 50	g 80	g 100
	Petti di pollo o tacchino al latte	pelati	g 50	g 50	g 60	g 50
	Piselli e carote	**Pollo o tacchino**	g 50	g 60	g 80	g 100
	Pane integrale	latte parzialmente scremato	g 50	g 20	g 20	g 20
	Frutta	**Piselli**	g 20	g 40	g 50	g 125
		carote	g 40	g 80	g 80	g 100
		Pane	g 20	g 60	g 70	g 50
		Frutta	g 100	g 150	g 200	g 200
		Olio EVO	g 15	g 15	g 18	g 18
		Parmigiano Reggiano	g 5	g 5	g 5	g 5
C2	Farrotto allo zafferano	**Farro decorticato**	g 45	g 55	g 75	g 80
	Involtini di tacchino	brodo vegetale	q. b.	q. b.	q. b.	q. b.
	Cavolfiore	zafferano	q. b.	q. b.	q. b.	q. b.
	Pane integrale	**Tacchino**	g 50	g 80	g 90	g 120
	Frutta	salvia	q. b.	q. b.	q. b.	q. b.
		Cavolfiore	g 40	g 100	g 100	g 150
		Pane	g 20	g 50	g 80	g 80
		Frutta	g 100	g 150	g 200	g 200
		Olio EVO	g 15	g 11	g 12	g 12
		Parmigiano Reggiano	g 10	g 5	g 5	g 5

C3	Polenta con pollo alla cacciatora	**Farina mais**	g 45	g 75	g 90	g 100
	Carote	pollo	g 50	g 80	g 100	g 120
	Pane	verdura mista	g 50	g 80	g 80	g 60
	Frutta	**Carote**	g 40	g 70	g 70	g 120
		Pane	g 20	g 25	g 30	g 50
		Frutta	g 100	g 150	g 20	g 200
		Olio EVO	g 20	g 15	g 18	g 20
C4	Orzotto alle verdure	**Orzo perlato**	g 45	g 50	g 80	g 80
	Arrosto di tacchino	verdura mista	g 30	g 70	g 100	g 100
	Finocchi	brodo vegetale	q. b.	q. b.	q. b.	q. b.
	Pane	**Tacchino**	g 50	g 70	g 100	g 100
	Frutta	**Finocchi**	g 50	g100	g 150	g 150
		Pane	g 30	g 50	g 50	g 60
		Frutta	g 100	g 150	g 200	g 200
		Olio EVO	g 15	g 15	g 15	g 17
		Parmigiano Reggiano	g 5	g 5	g 5	g 5
C5	Risotto giallo	**Riso**	g 45	g 55	g 70	g 80
	Petto di pollo alla diavola	zafferano	q. b.	q. b.	q. b.	q. b.
	Insalata	brodo vegetale	q. b.	q. b.	q. b.	q. b.
	Pane	**Petto di pollo**	g 50	g 60	g 100	g 120
	Frutta	aromi	q. b.	q. b.	q. b.	q. b.
		Insalata	g 30	g 70	g 80	g 100
		Pane	g 20	g 50	g 60	g 75
		Frutta	g 100	g 150	g 200	g 200
		Olio EVO	g 15	g 15	g 18	g 20
		Parmigiano Reggiano	g 10	g 5	g 5	g 5

C6	Passato di verdura con crostini	**Verdura mista**	g 30	g 40	g 100	g 80
	Arrosto di tacchino	patate	g 40	g 40	g 100	g 80
	Patate in insalata	piselli	g 10	g 10	g 20	g 100
	Pane	cavolfiore	g 20	g 25	g 25	g 25
	Frutta	pane crostini	g 15	g 15	g 20	g 30
		Petto tacchino	g 50	g 70	g 80	g 100
		Patate	g 100	g 100	g 150	g 200
		prezzemolo	q. b.	q. b.	q. b.	q. b.
		Pane	g 30	g 30	g 60	g 60
		Frutta	g 100	g 150	g 200	g 200
		Olio EVO	g 15	g 13	g 15	g 15
		Parmigiano Reggiano	g 5	g 5	g 5	g 5
C7	Fusilli al sugo di verdura	**Fusilli**	g 45	g 50	g 65	g 100
	Petto di tacchino al limone	pelati	g 30	g 40	g 50	g 60
	Zucchine al gratin	verdura mista	g 30	g 40	g 40	q.b.
	Pane	**Tacchino**	g 50	g 70	g 85	g 90
	Frutta	farina	g 5	g 5	g 7	q. b.
		limone	q. b.	q. b.	q. b.	q. b.
		Zucchine	g 50	g 100	g 100	g 100
		burro	g 3	g 3	g 3	g 3
		Pane	g 20	g 30	g 60	g 60
		Frutta	g 100	g 150	g 200	g 200
		Olio EVO	g 13	g 11	g 15	g 20
		Parmigiano Reggiano	g 10	g 6	g 8	g 8
	Risotto con asparagi	**Riso**	g 45	g 50	g 70	g 90
	Arrosto di lonza	cipolle	q. b.	q. b.	q. b.	q. b.

	Finocchi	brodo vegetale	q. b.	q. b.	q. b.	q. b.
	Pane	asparagi	g 20	g 20	g 30	g 50
	Frutta	**Lonza**	g 50	g 70	g 100	g 100
C8		**Finocchi**	g 30	g 70	g 80	g 100
		Pane	g 20	g 50	g 60	g 70
		Frutta	g 100	g 150	g 200	g 200
		Olio EVO	g 15	g 11	g 15	g 16
		Parmigiano Reggiano	g 10	g 5	g 5	g 5
	Polenta con brasato	**Farina di mais**	g 45	g 80	g 100	g 100
	Verdura cotta mista	manzo	g 50	g 70	g 100	g 100
C9	Pane	carote	g 20	g 20	g 50	g 80
	Frutta	cipolla	g 10	g 10	g 10	g 10
		sedano	g 10	g 10	g 10	g 10
		Verdura mista	g 30	g 100	g 120	g 150
		Pane	g 25	g 25	g 25	g 50
		Frutta	g 100	g 150	g 200	g 200
		Olio EVO	g 20	g 14	g 16	g 18
	Pasta al pesto	**Pasta**	g 45	g 50	g 80	g 80
	Petto di pollo al rosmarino	basilico	q. b.	q. b.	q.b.	q.b.
	Insalata	pinoli	q. b.	q. b.	q.b.	q.b.
	Pane	**Petto pollo**	g 50	g 70	g 100	g 100
C10	Frutta	rosmarino	q. b.	q. b.	q.b.	q.b.
		Insalata	g 30	g 70	g 80	g 120
		Pane	g 20	g 40	g 60	g 60
		Frutta	g 100	g 150	g 200	g 200
		Olio EVO	g 15	g 13	g 17	g 18
		Parmigiano Reggiano	g 10	g 5	g 5	g 5
	Farro alla parmigiana	**Farro decorticato**	g 45	g 60	g 70	g 100

	Arrosto di lonza	burro	g 2	g 3	g 3	g 4
	Zucchine	brodo vegetale	q. b.	q. b.	q. b.	q. b.
	Pane	**Lonza**	g 50	g 70	g 90	g 100
C11	Frutta	aromi	q. b.	q. b.	q. b.	q. b.
		Zucchine	g 50	g 100	g 130	g 150
		Pane	g 20	g 40	g 70	g 50
		Frutta	g 100	g 150	g 200	g 200
		Olio EVO	g 12	g 14	g 15	g 14
		Parmigiano Reggiano	g 10	g 5	g 10	g 5
	Lasagne di carne	**Pasta**	g 40	g 50	g 80	g 100
	Fagiolini	farina	g 4	g 4	g 4	g 6
	Pane	manzo	g 40	g 55	g 55	g 70
	Frutta	latte parzialmente scremato	g 10	g 20	g 20	g 20
		pelati	g 50	g 50	g 50	g 50
C12		sedano	q. b.	q. b.	q. b.	q. b.
		carote	q. b.	q. b.	q. b.	q. b.
		cipolle	q. b.	q. b.	q. b.	q. b.
		Fagiolini	g 50	g 100	g 150	g 150
		Pane	g 30	g 40	g 60	g 70
		Frutta	g 100	g 150	g 200	g 200
		Olio EVO	g 15	g 12	g 12	g 13
		Parmigiano Reggiano	g 7	g 7	g 7	g 7
	Riso all'inglese	**Riso**	g 40	g 50	g 70	g 90
	Spezzatino tenero	**Petto di pollo**	g 35	g 50	g 80	g 80
C13	Finocchi	piselli	g 15	g 40	g 40	g 50
	Pane	zucchine	g 20	g 20	g 20	g 30
	Frutta	patate	g 20	g 20	g 30	g 40
		latte parzialmente scremato	g 10	g 5	g 10	g 5
		Finocchi	g 40	g 100	g 150	g 150

		Pane	g 20	g 35	g 50	g 55
		Frutta	g 100	g 150	g 200	g 200
		Olio EVO	g 15	g 15	g 19	g 20
		Parmigiano Reggiano	g 5	g 5	g 5	g 5
C14	Gnocchetti al pesto	Gnocchetti	g 45	g 60	g 70	g 80
	Spezzatino	basilico	q. b.	q. b.	q. b.	q. b.
	Fagiolini	pinoli	q. b.	q. b.	q. b.	q. b.
	Pane	Manzo	g 50	g 60	g 80	g 100
	Frutta	pelati	g 20	g 50	g 50	g 50
		verdura mista	g 30	g 40	g 50	g 60
		Fagiolini	g 50	g 100	g 150	g 150
		Frutta	g 20	g 60	g 60	g 70
		Pane integrale	g 100	g 150	g 200	g 200
		Olio EVO	g 15	g 12	g 15	g 19
		Parmigiano Reggiano	g 10	g 4	g 5	g 5
C15	Risotto al prezzemolo	Riso	g 45	g 55	g 80	g 105
	Arrosto di tacchino	prezzemolo	q. b.	q. b.	q. b.	q. b.
	Pomodori	brodo vegetale	q. b.	q. b.	q. b.	q. b.
	Pane	Petto tacchino	g 50	g 70	g 80	g 100
	Frutta	Pomodori	g 50	g 100	g 150	g 150
		Pane	g 30	g 30	g 70	g 80
		Frutta	g 100	g 150	g 200	g 200
		Olio EVO	g 15	g 13	g 15	g 20

ALCUNE INDICAZIONI UTILI

- In caso di **attività motoria** è importante che questa venga svolta a digestione completata. È quindi preferibile far trascorrere 2-3 ore tra il pasto e l'inizio dell'attività.
Sarebbe inoltre indicato alleggerire ancora il menu sia in quantità sia in qualità e preferire pasti ricchi di carboidrati complessi (pane, pasta, riso).

- È fondamentale ricordare l'importanza assoluta di un apporto corretto di **acqua**, preferendo l'acqua di rete. Lo stato di salute dell'acqua del proprio comune è verificabile sul sito del gestore. Le acque di rete subiscono controlli quasi quotidiani e hanno parametri più stringenti rispetto alle acque minerali in riferimento alle sostanze individuate come "da monitorare". Salvo problematiche particolari o eventi catastrofici (che l'amministrazione è tenuta a comunicare immediatamente), quindi, l'acqua della rete è assolutamente idonea alla somministrazione, senza precauzioni aggiuntive.
Indicativamente, la quantità consigliata di acqua va da 1,6 a 2 litri al giorno.

N

NUTRIENTI

Ma come possiamo essere sicuri che la dieta che proponiamo al bambino sia adeguata alle sue necessità? Se con l'autosvezzamento riusciamo a fornirgli tutti i nutrienti di cui ha bisogno?

La risposta è semplice: nello stesso modo in cui si fa per un adulto. Una dieta equilibrata lo è nello stesso identico modo per un bambino di 6 mesi e per un adulto.

Quello che cambia sono le quantità e l'adattamento sulla base dello stile di vita. Ma la varietà dei nutrienti resta indicativamente la stessa.

Le uniche accortezze che può valere la pena sottolineare (ma che valgono in egual modo per gli adulti) sono:

- **ridurre le proteine** (in particolare quelle di origine animale) visto che in Occidente il rischio è quasi sempre quello di esagerare (e visto che sono già presenti in buona parte nel latte)
- **limitare i condimenti** (il che non vuol dire escluderli! La pasta si cuoce nell'acqua salata, nel risotto un po' di burro si può mettere tranquillamente; l'importante è, come sempre, non esagerare)
- **moderare l'utilizzo del sale** (il gusto del salato è difficile da modificare in seguito e l'eccesso di sale provoca col tempo conseguenze dannose). Moderare non significa eliminare! Il sale, in particolare quello iodato - da cucina, è assolutamente fondamentale per un corretto sviluppo mentale e per evitare carenze e disordini futuri (ad es. alla tiroide). Bisogna però considerare, per bilanciarne il consumo, che il sale è già contenuto in parecchi alimenti (insaccati, grana/parmigiano ecc.). Soprattutto nelle diete vegetariane o vegane l'apporto di iodio

attraverso il sale deve essere garantito venendo a mancare alimenti che lo contengono naturalmente come pesce, latte, uova.

Gli esempi di menu riportati nel capitolo precedente sono strutturati proprio per garantire l'apporto di tutti i nutrienti necessari.

Spesso però un menu standard può non adattarsi alle esigenze di una famiglia e delle sue preferenze o abitudini. Per questo può essere utile avere un'idea generale di cosa preveda una dieta bilanciata in termini di nutrienti da assumere, a prescindere dagli specifici piatti.

Indicazioni semplici e chiare da seguire sono quelle della **piramide transculturale** proposta dalla società italiana di pediatria, che, tenendo conto anche del crescere del fenomeno migratorio e della globalizzazione anche a livello alimentare, detta le linee guida generali delle porzioni quotidiane/settimanali/mensili dei vari nutrienti, integrando la tradizionale dieta mediterranea con interessanti alimenti che prima non facevano parte della nostra cucina ma che hanno importanti proprietà. Chiaramente la linea deve essere quella di non esagerare mai con le quantità e se il bambino è particolarmente "mangione" abbondare piuttosto con verdura e frutta.

Tutti i nutrienti provenienti da tutte le fonti (animali e vegetali) hanno delle proprie specificità. Per questo le diete vegetariane o vegane devono essere strettamente seguite da un pediatra e, meglio ancora, da un nutrizionista pediatrico. Le proteine vegetali, ad esempio, è vero che tendenzialmente potrebbero sostituire quelle animali andando a soddisfare le stesse esigenze, ma in un organismo in formazione come quello di un bambino, le proteine animali hanno alcune dinamiche e alcune proprietà che non sono completamente sostituibili dalle proteine vegetali per cui potrebbero creare dei rallentamenti nei processi di crescita o delle carenze che avranno le proprie ripercussioni in fragilità che si potrebbero sviluppare in futuro, in particolare sul sistema nervoso centrale.

Ovviamente non è assolutamente detto che ciò avvenga ed è per questo che è necessaria una valutazione medica che sappia monitorare nel complesso lo sviluppo del bambino associato ad un tipo di dieta che escluda in tutto o in parte i nutrienti previsti dalla piramide alimentare. I controlli richiesti in caso di dieta vegana o vegetariana saranno più frequenti e più stringenti perché il fabbisogno di un bambino almeno fino ai 5/6 anni di età è molto diverso rispetto a quello richiesto per il mantenimento di un livello di sviluppo ormai già raggiunto. Fino a tutta l'età prescolare il corpo nel suo complesso è in una fase di fortissima crescita e necessita di alcune tipologie di proteine e vitamine che sono carenti in una dieta che non comprende cibi di origine animale. Per cui sarebbe bene posticipare la scelta di una dieta vegana o vegetariana almeno dopo i 6 anni per introdurla poi gradualmente, sempre seguiti da un esperto che potrà nel caso prescrivere determinati integratori qualora ne ravvedesse la necessità.

Quindi, in sostanza, cosa prevede la piramide transculturale?

Per condurre uno stile di vita sano ed equilibrato, le indicazioni principali, valide per adulti e bambini sono:

- svolgere attività fisica quotidiana per almeno 1 ora
- alimentarsi in modo vario ed equilibrato
- mantenere l'abitudine di una prima colazione adeguata: mai saltare la prima colazione!
- evitare periodi di digiuno prolungati e distribuire ogni giorno gli alimenti in 4-5 pasti

La distribuzione delle calorie, durante la giornata dovrebbe prevedere questo schema:

- **colazione:** 15% delle calorie giornaliere (latte o yogurt parzialmente scremato, fette biscottate o pane integrale con marmellata o muesli o biscotti secchi o cereali integrali; frutta fresca o spremuta di arancia)
- **spuntino al mattino:** 5% delle calorie giornaliere*
- **merenda a metà pomeriggio:** 10% delle calorie giornaliere*
- **pranzo:** 40% delle calorie
- **cena:** 30% delle calorie

La merenda di metà mattina e quella del pomeriggio sono momenti importanti della giornata perché servono a non lasciare un lungo intervallo tra i pasti, evitando di arrivare a pranzo o a cena affamati, con il rischio di mangiare troppo.

Per assicurare un corretto apporto di tutti i nutrienti devono essere presenti carboidrati, proteine, lipidi e fibre.
Due possono essere gli schemi da seguire:

- piatto unico: primo piatto condito con carne o pesce o legumi o formaggio o uova + verdura + frutta
- primo piatto condito con verdura + secondo piatto (carne o pesce o legumi o formaggio o uova) + verdura + frutta.

Fondamentale risulta poi un'assunzione giornaliera adeguata di acqua, da 1,6 a 2 litri.

La società italiana di pediatria, nello stilare la piramide transculturale, ricorda infine che "l'alimentazione nel bambino è di fondamentale importanza per il suo sviluppo e ha anche un grande valore in termini di prevenzione. La nutrizione, infatti, è uno dei principali fattori ambientali in grado di modulare il potenziale genetico e la crescita di ogni individuo. L'organismo umano consuma continuamente energia, gli alimenti forniscono le sostanze necessarie per garantire il fabbisogno energetico e le necessità dei diversi organi".

Una tabella riassuntiva

MENU BASE	
Alimento	**Frequenza di consumo (a scuola)** **A rotazione su 5 giorni (pranzo)***
Pane fresco a ridotto contenuto di sale (comune o integrale)	1 porzione / pasto
Cereali (pasta, riso, orzo, farro, mais ecc.)	1 porzione / pasto
Legumi (anche come piatto unico se associato a cereali o secondo piatto)	1-2 porzioni a settimana (4-8 al mese)
Carni fresche	1-2 porzioni a settimana (4-8 al mese)
Pesce	1-2 porzioni a settimana (4-8 al mese)
Uova	1 porzione a settimana (2-4 al mese)
Formaggi	1 porzione a settimana (2-4 al mese)
Carni trasformate (in sostituzione alla carne fresca)	0-2 al mese
Verdure e ortaggi	1 porzione a pasto
Patate	0-1 porzione a settimana (0-4 al mese)
Olio extravergine di oliva	Prevedere l'utilizzo esclusivo di olio extravergine di oliva sia per i condimenti a crudo che per le cotture.
Frutta fresca di stagione	1 porzione al giorno
Frutta secca oleosa (mandorle, nocciole, noci ecc.) in sostituzione o abbinamento alla frutta fresca	0-2 porzioni a settimana

A casa queste indicazioni vanno completate con le quantità indicate nella piramide transculturale in modo da ottenere la seguente frequenza:

- cereali: 3/5 porzioni giornaliere (alternare con cereali integrali)
- formaggi: 2 porzioni settimanali
- uova, tuberi e radici: 1/2 porzioni settimanali
- carne: 3 porzioni settimanali

- pesce: 3/4 porzioni settimanali (preferire il pesce azzurro. Limitare i crostacei e i molluschi. Evitare il pesce di grandi dimensioni)
- legumi: 4/5 porzioni settimanali (non sono verdure, bensì proteine)
- noci/semi: 1 porzione giornaliera
- latte/yogurt: 1/2 porzioni giornaliere (meglio se parzialmente scremato)
- frutta/ortaggi: 3/5 porzioni giornaliere
- dolci e snack: consumo al minimo
- condimenti: consumo al minimo (utilizzo quotidiano dell'olio extravergine d'oliva)
- acqua: adeguato consumo giornaliero (1,6/2 litri)

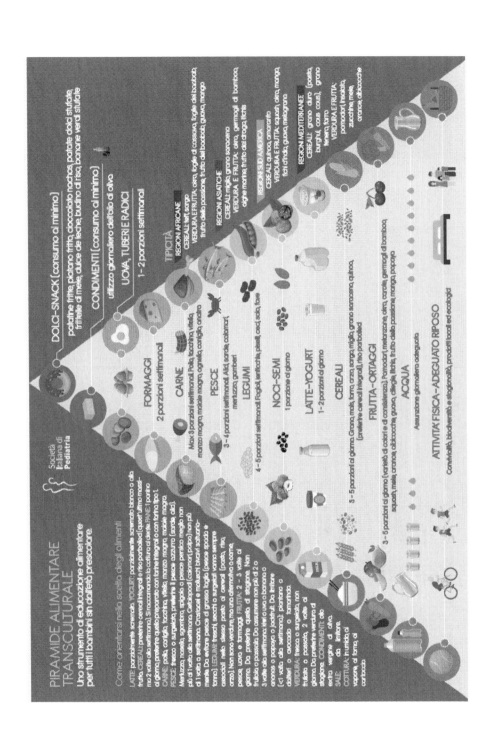

PIRAMIDE ALIMENTARE TRANSCULTURALE
Uno strumento di educazione alimentare per tutti i bambini sin dall'età prescolare.

Società Italiana di Pediatria

O

OMS

Organizzazione Mondiale della Sanità: se ne sente sempre parlare ma di cosa si tratta?

È l'Agenzia delle Nazioni Unite specializzata per le questioni sanitarie e vi aderiscono 194 Stati (su 206, di cui 196 riconosciuti sovrani). Ha come obiettivo "il raggiungimento, da parte di tutte le popolazioni, del più alto livello possibile di salute", definita come "uno stato di totale benessere fisico, mentale e sociale" e non semplicemente "assenza di malattie o infermità".

L'OMS fornisce una guida sulle questioni sanitarie globali, indirizza la ricerca sanitaria, stabilisce norme e standard e formula scelte di politica sanitaria basata sull'evidenza scientifica; inoltre, garantisce assistenza tecnica agli Stati Membri, monitora e valuta le tendenze in ambito sanitario, finanzia la ricerca medica e fornisce aiuti di emergenza in caso di calamità; cerca di migliorare in tutto il mondo la nutrizione, le condizioni abitative, l'igiene e le condizioni di lavoro.

L'Organizzazione si è spesso occupata di alimentazione, proprio sulla base del fatto che questa rappresenta un elemento fondamentale nella salute complessiva delle persone e che adeguati stili alimentari siano importanti fin dalla primissima infanzia.

Cosa dice quindi realmente l'OMS?

Il documento essenziale, il più completo sull'argomento, è *"Essential Nutrition Actions: improving maternal, newborn, infant and young child health and nutrition"*, pubblicato nel 2013. Il rapporto completo (in inglese) è facilmente reperibile online.

A seguire cercherò di fare una sintesi delle informazioni principali che vengono poi riprese dal personale sanitario e trasferite alle neomamme. Ovviamente il documento analizza la situazione a livello globale, per questo motivo, alcune indicazioni, sono specifiche per Paesi in cui denutrizione, malnutrizione e condizioni igieniche e di salute precarie sono molto diffuse.

L'OMS parte da una fotografia della situazione che stiamo vivendo: a livello globale, nel 2011 erano circa 101 milioni i bambini sotto i 5 anni sottopeso e 165 milioni stentati. Allo stesso tempo, circa 43 milioni di bambini sotto i 5 erano sovrappeso o obesi.

Le linee guida che l'Organizzazione Mondiale della Sanità inserisce nel documento sono:

- **Favorire il contatto pelle a pelle mamma/bambino subito dopo la nascita per almeno un'ora**, incoraggiando la mamma a riconoscere quando il suo bambino è pronto per allattare al seno, offrendo aiuto se necessario.

- **I bambini dovrebbero essere allattati esclusivamente al seno per i primi 6 mesi di vita** per raggiungere una crescita, uno sviluppo e una salute ottimali.

- **I neonati con basso peso alla nascita o prematuri dovrebbero essere alimentati con il latte materno** (anche donato da altre mamme). Solo in caso di impossibilità di avere a disposizione latte "umano", i neonati dovrebbero essere alimentati con latte artificiale. Il latte non deve essere integrato o sostituito con nessun altro alimento fino a 6 mesi di età.

- I neonati devono essere allattati esclusivamente per i primi 6 mesi di vita per raggiungere il livello ottimale crescita, sviluppo e salute. Successivamente, per soddisfare il loro fabbisogno nutrizionale in evoluzione, i bambini dovrebbero ricevere **alimenti complementari nutrizionalmente adeguati e sicuri proseguendo l'allattamento fino a 2 anni o oltre**.
L'allattamento al seno continua a dare un importante contributo

nutrizionale ben oltre il primo anno di vita. I bambini allattati al seno a 12-23 mesi ricevono in media dal 35% al 40% dell'energia totale necessaria dal latte, mentre il restante 60%-65% viene coperto da alimenti complementari.

Il latte materno è una fonte chiave di energia e acidi grassi essenziali e fornisce quantità sostanziali di alcuni micronutrienti.

L'impatto nutrizionale dell'allattamento al seno è più evidente durante i periodi di malattia, quando l'appetito del bambino per altri alimenti diminuisce, ma l'assunzione di latte materno viene mantenuta. Studi dimostrano che nei Paesi in via di sviluppo, una durata maggiore dell'allattamento al seno è associata ad una maggiore crescita lineare e ad un ridotto rischio di malattie croniche dell'infanzia e obesità, oltre che ad un miglioramento dei risultati cognitivi.

- **I neonati hanno necessità di ricevere quantitativi di ferro più elevati** rispetto ad altri gruppi di età perché crescono molto rapidamente. Normalmente si nasce con buone riserve di ferro. Tuttavia, oltre i 6 mesi di età il contenuto di ferro nel latte non è sufficiente per soddisfare le esigenze dell'organismo e gli alimenti complementari non fortificati sono solitamente a basso contenuto di ferro, rendendo questa fascia d'età suscettibile di carenza di questo elemento. I bambini prematuri nascono con meno depositi di ferro e quindi sono a maggior rischio di sviluppare una carenza in giovane età. Dove la dieta non include cibi fortificati, o la prevalenza di anemia nei bambini a circa 1 anno di età è grave (superiore al 40%), è necessario prevedere integratori di ferro.

- **Principi guida per l'alimentazione complementare dei bambini:**
  - mantenere l'allattamento esclusivo al seno dalla nascita ai 6 mesi di età e presentare alimenti complementari a 6 mesi di età (180 giorni) continuando ad allattare al seno;
  - continuare l'allattamento al seno frequente e su richiesta fino a 2 anni o oltre;
  - praticare una buona igiene e una corretta manipolazione degli alimenti;

- aumentare gradualmente la consistenza e la varietà del cibo man mano che il bambino cresce, adattandosi alle esigenze e alle abilità del bambino;
- aumentare il numero di volte in cui il bambino riceve alimenti complementari (i pasti dovrebbero essere forniti da quattro a cinque volte al giorno, con spuntini nutrienti aggiuntivi offerti una o due volte al giorno, come desiderato);
- favorire una varietà di alimenti per garantire che i bisogni nutrizionali siano soddisfatti;
- utilizzare alimenti complementari fortificati o integratori di vitamine e minerali per il bambino, se necessario (in caso di carenze riscontrate dal medico curante);
- aumentare l'assunzione di liquidi durante la malattia, incluso l'allattamento al seno più frequente, e offrire al bambino cibi morbidi, variegati, appetitosi e preferiti. Dopo la malattia, offrire cibo più spesso del solito e incoraggiare il bambino a mangiare di più.

Seguono poi una serie di indicazioni specifiche per patologie tipiche di Paesi poveri, fino ad arrivare alle raccomandazioni previste per le donne in età fertile o in gravidanza.

Numerosi sono i rapporti precedenti e successivi a questo (tutti disponibili in rete, in inglese) che trattano temi più o meno specifici per quanto riguarda la salute pubblica, con focus particolari dedicati ai neonati e ai bambini. Il Ministero della Sanità e le ATS locali adattano le linee guida OMS alla condizione media territoriale e stilano i documenti di riferimento per il sistema sanitario/nutrizionale italiano.

P

PRO E CONTRO

Cercando di essere obiettiva vorrei a questo punto individuare 10 pro e 10 contro che riguardano l'autosvezzamento.

Nei contro, tra parentesi, mi limiterò ad indicare i capitoli di questo libro in cui provare a trovare una soluzione alle criticità che spesso non trovano risposta, senza però mai sminuire la portata del dubbio dato che molti genitori che si approcciano a questa fase è giusto che mettano sul piatto della bilancia gli aspetti positivi ma anche gli aspetti negativi che è assolutamente inutile negare.

Ognuno poi dovrà valutare e decidere in base alle proprie attitudini, alle proprie preferenze, alle proprie paure e a tutto quello che lo fa sentire maggiormente a proprio agio.

PRO

1. rispetto dei tempi di sviluppo corretti dell'apparato digerente e del sistema immunitario del bambino secondo quanto stabilito dalle ultime ricerche scientifiche e dall'OMS;
2. maggiore condivisione del momento del pasto tra adulti e bambini: non solo si sta insieme ma si mangiano anche le stesse cose;
3. sviluppo dell'autonomia e dell'autostima: il bambino sceglie cosa mangiare, in quali quantità e con quale modalità; si sente importante e vengono valorizzate le sue esigenze;
4. aumento della propensione all'ascolto del bambino da parte dei genitori, delle sue manifestazioni e al rispetto delle richieste;
5. approccio diretto ai sapori reali proponendo i cibi per quello che sono senza mischiarli, favorendo l'abitudine del bambino ai gusti che le singole pietanze hanno;

6. maggiore confidenza del bambino con i cibi che poi troverà a tavola in futuro;
7. stimolo della coordinazione muscolare/visiva e psicologica molto più accentuato;
8. utilizzo di cibi freschi, con meno conservanti, preparati al momento;
9. comodità quando si è fuori casa, il bambino può mangiare qualsiasi cosa;
10. risparmio economico notevole.

CONTRO

1. pediatri ancora poco informati che difficilmente hanno approfondito l'argomento e non riescono a supportare adeguatamente la scelta dei genitori;
2. aumento del rischio di soffocamento se non si rispettano i consigli e le indicazioni per la corretta proposta del cibo (vedi capitolo D - Disostruzione);
3. svezzamento molto più lento: con lo svezzamento classico, quando si inizia la prima pappa, la poppata del pranzo viene subito sostituita. Con l'autosvezzamento il passaggio dal latte ad un pasto completo richiede più tempo. Si inizia con degli assaggini e per qualche settimana pasto solido e poppata convivono. Le porzioni aumentano gradualmente fino a sostituirsi alla poppata nel giro di circa un mese (vedi capitolo L - Latte);
4. timore per la mancata assunzione di tutti i nutrienti che lo svezzamento tradizionale invece prevede attraverso tabelle specifiche (vedi capitolo N - Nutrienti);
5. impossibilità di monitorare le quantità (vedi capitolo F - Fiducia);
6. il resto della famiglia deve modificare le proprie abitudini alimentari se queste non rispettano già una dieta sana ed equilibrata (vedi capitolo T - Tutto? Ma proprio tutto?);
7. la condivisione del pasto potrebbe a volte essere caotica e rendere difficile per i genitori mangiare con calma. Spesso si preferisce far cenare prima i bambini e poi mettersi a tavola con maggiore

tranquillità. Assolutamente comprensibile ma questo può comunque essere fatto con il cibo che già si cucina;

8. maggiore disordine: l'autosvezzamento si presta allo sviluppo dell'autonomia, lasciando che i bambini sperimentino il cibo prima con le mani per poi portarlo alla bocca, sicuramente sporcandosi di più rispetto all'essere imboccati;

9. scomodità rispetto ad omogeneizzati e liofilizzati già pronti all'uso e già porzionati;

10. difficoltà nello strutturare un menu equilibrato che non si discosti eccessivamente da quello perfettamente definito dello svezzamento tradizionale (vedi capitolo M - Menu).

QUANTITÀ

Come con il latte, anche con i cibi, il bimbo è in grado di regolarsi. Sa quando ha raggiunto la sazietà. Anzi, molto spesso i genitori hanno delle aspettative errate su quanto i bambini debbano mangiare. Un giorno non avranno fame e il giorno dopo mangeranno tutta la vostra porzione. Succede e noi non possiamo prevederlo.

Secondo i "teorici" dell'autosvezzamento, **i bambini sono perfettamente in grado di autoregolarsi** e di mangiare quello di cui hanno bisogno. I genitori devono solo "imparare a rispettarli e a dare loro fiducia", senza temere che il piccolo mangi troppo poco e possa avere ancora fame o mangi troppo e possa sviluppare obesità in futuro. Non è questa la fase in cui allarmarsi né per l'eccesso né per la carenza di cibo.
Introno ai 2/3 anni i bambini si assestano autonomamente su quantità medie (i bambini che mangiavano tantissimo – i miei mangiavano quasi le stesse porzioni di un adulto – riducono, a volte anche drasticamente, le richieste; i bambini che non mangiavano iniziano a spizzicare qualcosa in più).

Un suggerimento sia in un caso, sia nell'altro, è quello chiamato del **"finto bis"** in cui la porzione consigliata non viene somministrata tutta in un'unica volta ma viene divisa in due porzioni:

- nel caso di bambini che mangiano poco, il piatto pieno spesso può essere un deterrente. Vedendo tanto cibo nel piatto, un bambino che non avverte un forte stimolo della fame, tende a rifiutare anche solo un assaggio. Se il cibo nel piatto è poco è più probabile che il bambino non si "spaventi" davanti alla porzione e la mangi più volentieri. In un secondo momento si può provare ad aggiungere la parte restante;

- nel caso di bambini che invece mangiano molto, dividere la porzione consigliata in due, dà al bambino la sensazione di averne avuta ancora, una volta finita la prima portata e inconsciamente si sentiranno più "soddisfatti" e sazi.

In ogni caso, come più volte sottolineato in questo volume, in assenza di evidenti e preoccupanti segnali di scarsa crescita o limitato sviluppo psicofisico (o di peso sproporzionato), le quantità devono essere prese esclusivamente come indicatori medi e non come elementi di preoccupazione. L'attenzione va piuttosto posta sulla qualità dei cibi mangiati, sul corretto apporto dei nutrienti, sull'introduzione di frutta e verdura quotidianamente, sul non esagerare con proteine e dolci.

Nel capitolo "M - Menu" si trovano interessanti suggerimenti anche per bambini di fasce d'età diverse da quella dello svezzamento. In questi casi le quantità assumono un'importanza differente e l'attenzione potrebbe effettivamente essere necessaria. In particolare, bisogna evitare di eccedere.

La denutrizione non è un problema che riguarda l'Occidente, se non in casi di povertà estrema che tendenzialmente sono sotto il controllo dei servizi sociali. I rischi verso cui invece la nostra società si sta dirigendo sono quelli della cattiva nutrizione (in termini di qualità degli stili alimentari e di vita: eccesso di zuccheri, di proteine, scarso apporto di vitamine, sedentarietà) e dell'eccesso. I disturbi alimentari che invece prevedono uno scarso apporto di cibo o un rapporto patologico con esso, hanno una natura completamente differente (psicologica) e vanno affrontati correttamente, rivolgendosi a specialisti.

R

RICETTE

Online è possibile trovare tantissime ricette utili per iniziare l'autosvezzamento. Perfetti sono le vellutate, i purè, i legumi, le pastine, il riso, i formaggini spalmabili, la verdura lessa e schiacciata.

Posto che, come abbiamo detto finora, non è assolutamente necessario stravolgere i propri gusti e le proprie abitudini in quanto l'idea di fondo è proprio che sia il bambino, piano piano, ad avvicinarsi alle usanze della sua famiglia, è sempre utile, al di là dei menu che si trovano nel relativo capitolo di questo volume, avere delle ricette "furbe" per poter proporre ai bambini quei cibi che potrebbero essere meno disposti ad assaggiare.

I bambini molto piccoli, solitamente, assaggiano e gustano qualsiasi sapore. Difficilmente mostrano in maniera evidente le proprie preferenze fino a circa i 2 anni.

Ci sono invece altri bambini che fin dal principio alcuni sapori li detestano oppure bambini che mangerebbero solo un alimento. In questi casi è importante riproporre lo stesso alimento quotidianamente in modo che il piccolo possa abituarsi, senza però mai insistere affinché lo mangi, per evitare un rifiuto definitivo di quel sapore, alla lunga percepito come imposto. Ci potrebbero volere anche 10 assaggi perché un alimento venga accettato e il gusto "educato".

Il rifiuto di determinati alimenti è "fisiologico" e non va percepito e vissuto come un capriccio. È abbastanza comune che in campo alimentare venga opposta resistenza all'assaggio di nuovi cibi e che si pretenderebbero sempre gli stessi. Queste naturali "neofobie" vengono superate solo con il tempo e con l'esposizione continua del bambino ad un alimento, l'osservazione degli adulti che lo mangiano e che anche altri suoi coetanei lo assaggiano e lo assaporano volentieri. Le "neofobie" rischiano invece di radicarsi e diventare definitive di fronte all'imposizione e all'insistenza.

I puristi dell'autosvezzamento sottolineano come sia importante offrire sempre i sapori separatamente, senza mai mischiarli proprio con l'obiettivo di insegnare ai bambini, con calma, ad accettarli e gustarli.

La teoria sarebbe perfetta ma la realtà è che ci si scontra spesso con bambini che appena vedono le verdure nel piatto decidono di non mangiare più nulla. E per me personalmente, l'obiettivo principale, è consentirgli di assumere anche questo importantissimo alimento, anche in maniera indiretta.

Ovviamente sul tavolo non dovrà mai mancare lo stesso alimento nella sua versione naturale e i genitori dovranno farsi sempre vedere mentre lo mangiano. I bambini assorbiranno attraverso l'esempio più che attraverso le parole che tenteranno di convincerli a mangiare qualcosa che non gli piace. Ma l'obiettivo principale, almeno nei primi anni (e anche oltre) è che quell'alimento venga assunto. Ci sarà tempo per insegnarne l'importanza e per cercare di spiegare razionalmente che quel sapore, anche se non gradito, è fondamentale per un corretto sviluppo del proprio organismo.

A seguire alcune ricette "furbe" per far mangiare al proprio bambino i sapori solitamente meno graditi (questa vuole essere una selezione, ma online è possibile trovarne un'infinità). Ogni ricetta presenta la versione tradizionale e quella per il Bimby (le 2 versioni della stessa ricetta non sono perfettamente identiche e corrispondenti, in questo modo si hanno suggerimenti per possibili varianti da preparare a mano o con l'aiuto di un robot da cucina).

1. LE VELLUTATE

Le vellutate sono perfette per iniziare lo svezzamento (vista la loro consistenza) e per soddisfare tutta la famiglia. E sono un alleato formidabile per "nascondere" le verdure per i bambini che non le gradiscono, anche nella fase successiva.

• VELUTATA DI CAROTE E PATATE

INGREDIENTI: 4 carote, 4 patate, 1/2 costa di sedano, 1 cipolla (o scalogno), 100 ml passata di pomodoro, 1 cucchiaio olio extravergine d'oliva, un pizzico di sale iodato.

PREPARAZIONE: pelare le carote e le patate, lavarle e tagliarle a piccoli pezzi. Tagliare mezza cipolla e qualche pezzetto di sedano insieme alle sue foglie. Unire tutti gli ingredienti in una pentola, aggiungendo il pomodoro, il sale e circa 1 litro di acqua (le verdure dovranno essere coperte interamente dall'acqua per circa 2 dita). Infine, aggiungere un filo di olio extravergine di oliva e mettere a cuocere per circa 30 minuti, controllando che le patate e le carote siano ben cotte. Lasciare intiepidire e separare il brodo dalle verdure con un colino. Passare al mixer le patate e le carote fino ad ottenere una vellutata cremosa. Aggiungere brodo a piacimento a seconda della consistenza preferita. Servire calda o tiepida con un filo di olio crudo (e accompagnare con il pane tostato tagliato a cubetti o con pane sbriciolato).

RICETTA PER IL BIMBY

INGREDIENTI: 500 gr d'acqua, 400 gr di patate, 400 gr di carote, 1/2 cipolla, 1 cucchiaino di sale iodato, 1 cucchiaio di olio extravergine d'oliva, parmigiano q.b.

PREPARAZIONE: lavare le verdure. Tagliarle a tocchetti di circa 3 cm. Metterle nel boccale insieme all'acqua, al sale e alla cipolla. Cuocere per 25 min./100°/vel. 1.

A fine cottura frullare il tutto 1 min./vel. da 5 a 10 aumentando gradualmente. Impiattare, aggiungere l'olio e il parmigiano (e accompagnare con il pane tostato tagliato a cubetti o con pane sbriciolato).

• VELUTATA DI ZUCCHINE E PATATE

INGREDIENTI: 600 gr di zucchine, 200 gr di patate, 1/2 cipolla, 600 ml di acqua, basilico, sale iodato, olio extravergine d'oliva.

PREPARAZIONE: lavare le verdure. Pelare le patate, spuntare le zucchine (pelarle o no a seconda dei gusti) e tagliare tutto a dadini. Affettare la cipolla e imbiondirla in un tegame con un filo d'olio. Aggiungere nella pentola le patate, le zucchine e il basilico e fare insaporire un paio di minuti. Salare, ricoprire con l'acqua e fare cuocete per una ventina di minuti. Una volta pronta trasferire tutto in un mixer e frullare fino ad ottenere una consistenza cremosa. Aggiungere un filo d'olio a crudo e servire.

RICETTA PER IL BIMBY
INGREDIENTI: 1 scalogno, 30 gr d'olio extravergine d'oliva, 450 gr mix di zucchine e patate (2 patate e il resto zucchine), 500 gr d'acqua, q.b. dado vegetale Bimby, q.b. parmigiano reggiano grattugiato
PREPARAZIONE: mettere lo scalogno nel boccale e tritare 5 sec./vel. 7; riunire sul fondo con la spatola e aggiungere l'olio, 3 min./100°/vel. 2; aggiungere le verdure a pezzettoni, l'acqua e il dado, 30 min./Varoma/senso antiorario/vel. 1; a fine cottura attendere qualche minuto prima di omogeneizzare, 1 min./vel. 8; mettere nei piatti con un filo di olio e del parmigiano grattugiato (servire con crostini o pane sbriciolato).

• VELUTATA DI ZUCCA E PATATE

INGREDIENTI: 750 gr di zucca, 200 gr di patate, 1/2 cipolla, 500 ml di brodo vegetale, sale iodato, olio extravergine d'oliva, prezzemolo, 100 gr di pancarrè, 20 gr di burro.
PREPARAZIONE: eliminare la buccia e i semi della zucca, tagliare la polpa a pezzetti, sbucciare le patate e tagliarle a cubetti. Fare appassire la cipolla tagliata a velo in una pentola con un filo d'olio. Aggiungere i pezzetti di polpa di zucca e le patate e lasciare insaporire. Aggiungere il brodo vegetale fino a ricoprire le verdure, aggiustare di sale. Coprire e far cuocere per 30 minuti. Lasciare intiepidire e passare con un mixer. Servire la vellutata di zucca spolverizzando con del prezzemolo tritato e accompagnando il piatto con crostini di pane tostato.

RICETTA PER IL BIMBY
INGREDIENTI: 400 gr di zucca pelata, 400 gr di patate, 1 cipolla, 20 gr di olio extravergine d'oliva, 600 gr d'acqua, 15 gr burro, 1 dado vegetale
PREPARAZIONE: mettere nel boccale la cipolla e tritarla per 5 sec./vel. 7; aggiungere l'olio e rosolare per 2 min./100°/vel. 1; mettere tutti gli altri ingredienti (eccetto il burro) e cuocere per 30 min./100°/vel. 1; alla fine mettere il burro e frullare per 30 sec./vel. 10; aggiustare di sale e servire.

- **VELUTATA DI PISELLI E PATATE**

INGREDIENTI: 250 gr di piselli, 150 gr di patate, 400 ml di brodo vegetale, 1/2 cipolla, olio extravergine d'oliva, sale iodato.

PREPARAZIONE: lavare le patate, pelarle e tagliarle a cubetti di un centimetro circa, quindi aggiungerle nella pentola, mescolare e lasciar cuocere per un paio di minuti. Aggiungere un mestolo di brodo vegetale, mescolare, coprire e cuocere a fiamma bassa per 5 minuti. Unire i piselli, coprire con il brodo e lasciare cuocere sempre con il coperchio, per 20 minuti circa. A fine cottura regolare di sale. Frullare il tutto fino ad ottenere una crema liscia e vellutata. Mettere la vellutata di piselli nei piatti e servire aggiungendo un filo d'olio.

RICETTA PER IL BIMBY

INGREDIENTI: 1\2 cipolla, 20 gr d'olio extravergine d'oliva, 600 gr di piselli surgelati, 400 gr d'acqua, 1 cucchiaino dado Bimby vegetale, 50 gr di Philadelphia, un pizzico di sale iodato.

PREPARAZIONE: mettere nel boccale la cipolla e dare 2 colpi di turbo; adagiarla sul fondo, unire l'olio 3 min./100°/vel. soft; aggiungere i piselli surgelati, 10 sec./vel. 10; mettere il dado, un pizzico di sale e l'acqua, 25 min./100°/vel. 1; un paio di minuti prima della fine della cottura aggiungere il Philadelphia direttamente dal foro del coperchio; a piacere omogenizzare a turbo, si può servire accompagnata da crostini.

2. LE POLPETTE

Adatte per tutta la famiglia e per i bambini che non apprezzano i cibi semiliquidi (come le vellutate).

- **POLPETTE DI MELANZANE**

INGREDIENTI: 800 gr di melanzane, 120 gr di pangrattato, 120 gr di parmigiano reggiano grattugiato, 2 uova medie, 1 spicchio di aglio, sale fino iodato q.b., prezzemolo q.b., olio extravergine d'oliva (per friggere).

PREPARAZIONE: lavare le melanzane e disporle su una leccarda foderata con carta forno, quindi cuocerle in forno statico preriscaldato a 200° per 1 ora. Una volta cotte, lasciarle intiepidire e privarle della buccia e del picciolo. Disporre la polpa, così ottenuta, in un colino e schiacciarle leggermente con una forchetta in modo da eliminare il liquido in eccesso. Trasferire la purea di melanzane all'interno di una ciotolina, unire le uova e aggiungere uno spicchio d'aglio precedentemente schiacciato. A questo punto versare sia il pangrattato sia il parmigiano reggiano grattugiato e aggiustare di sale. Tritare finemente il prezzemolo lavato in precedenza. Incorporare il tutto al composto. Impastare con le mani fino ad amalgamare gli ingredienti. Se l'impasto risultasse poco compatto, aggiungere ancora poco pangrattato. Una volta pronto l'impasto prelevare una piccola porzione e, sempre con le mani, formare delle polpettine tonde, della grandezza di una noce, da passare nel pangrattato. Terminato tutto il composto versare l'olio in un tegame e scaldarlo fino a raggiungere la temperatura di 170° (utilizzare un termometro da cucina per misurare la temperatura esatta). Quando l'olio sarà caldo immergere pochi pezzi per volta e attendere 2-3 minuti, fino a che risulteranno ben dorati, prima di scolarli e adagiarli su un vassoio foderato con carta da cucina, che assorbirà l'olio in eccesso. Servire le polpettine di melanzane ancora calde e fumanti. Se si vuole evitare di friggere, si possono cuocere le polpette anche in forno: non manterranno una forma perfettamente rotonda ma saranno buonissime e più leggere. In questo caso è possibile cuocerle a 200° per 15-20 minuti (fare dei tentativi per capire la giusta regolazione con il proprio forno).

RICETTA PER IL BIMBY
INGREDIENTI: 1 mazzetto di prezzemolo fresco, 20 gr di olio extravergine d'oliva, 1 spicchio di aglio, 200 gr di melanzane, sale q.b., 100 gr di pecorino grattugiato, 50 gr di parmigiano reggiano grattugiato, 200 gr di pane grattugiato, 3 uova.
PREPARAZIONE: Mettere nel boccale il prezzemolo, tritare 10 sec./vel. 7 e mettere da parte.
Versare l'olio, mettere lo spicchio di aglio ed insaporire 3 min./100°/vel. 1.
Unire le melanzane, il sale e cuocere 10 min./100°/antiorario/vel. 1.
Frullare 10 sec./vel. 5-6. Riunire sul fondo con la spatola. Aggiungere 150 gr di pane grattugiato, i formaggi, il prezzemolo tritato e le uova, 30 sec./vel. 3.
Versare il restante pane grattugiato in un piatto fondo. Con le mani prendere delle piccole dosi di impasto, dare la forma di una pallina,

ripassarla nel pane grattugiato e sistemare le polpettine sulla placca del forno ricoperta di carta forno.

Procedere fino ad esaurimento degli ingredienti. Cuocere in forno caldo a 180° per circa 20 minuti.

Se l'impasto risultasse troppo morbido, aggiungere 1 cucchiaio di maizena o fecola di patate, mescolare 30 sec./vel. 3. Per ammorbidire l'impasto invece aggiungere 50 gr di latte, mescolare 30 sec./vel. 3.

Variante: è possibile cuocere le polpettine al vapore: senza lavare il boccale, versare 500 gr di acqua, disporre le polpettine nel vassoio del Varoma leggermente unto con olio, posizionare il Varoma sopra il boccale e cuocere 25 min./Varoma/vel. 1.

- **POLPETTE DI LENTICCHIE**

INGREDIENTI: 500 gr di lenticchie lesse, 1 patata, 1 uovo, 1 fetta di pane, 2 cucchiai di pangrattato, 2 cucchiai di pecorino, sale, prezzemolo.

PREPARAZIONE: lessare la patata in acqua bollente, pelarla, tagliarla a tocchetti e metterla in una ciotola con le lenticchie lesse. Impastare e aggiungere l'uovo e il pane ammorbidito. Aggiungere pangrattato, pecorino, prezzemolo, sale e pepe e impastare fino ad ottenere un composto omogeneo. Fare delle polpette e metterle in frigo a rassodare per 20 minuti. Rotolare le polpette di lenticchie nel pangrattato e friggerle in una padella con l'olio. Cuocere le polpette fino a che non risulteranno belle brune. Sollevare le polpette, metterle su un piatto con della carta assorbente e servirle con un contorno di insalata.

Le polpette possono essere cotte anche al forno.

RICETTA PER IL BIMBY

INGREDIENTI: 330 gr di lenticchie lessate, 30 gr di olio extravergine d'oliva, 50 gr di farina "00", 50 gr di parmigiano, 50 gr di pangrattato, 1 pezzo di scalogno, 1 carota grande, sale iodato q.b., qualche fogliolina di prezzemolo.

PREPARAZIONE: mettere nel boccale la carota e tritare 7/8 sec./vel.10.

Aggiungere le lenticchie sgocciolate, l'olio, il sale, lo scalogno, il prezzemolo e frullare 7/8 sec./vel.5.

Aggiungere il pangrattato, il parmigiano, la farina e amalgamare per circa 10 sec./vel. 4.

Svuotare il preparato in una ciotola e iniziare a formare le polpettine e a sistemarle in un piatto piano leggermente distanziate tra loro o, se si preferisce cuocerle in forno, sistemarle direttamente su carta forno in una teglia e cuocerle in forno preriscaldato a 180° per circa 15/20 minuti. È possibile anche cuocerle in padella: versare un filo d'olio in una padella antiaderente e adagiare tutte le polpettine, facendo in modo che non siano una sull'altra. Farle rosolare da entrambi i lati per una decina di minuti.

- **POLPETTE DI PESCE**

INGREDIENTI: 500 gr di filetto di pesce persico, 1 patata, 2 uova, 1 cucchiaio di parmigiano, prezzemolo q.b., sale iodato q.b., pangrattato, olio extravergine d'oliva q.b.

PREPARAZIONE: far bollire una patata con tutta la buccia. Sbucciarla e tagliarla a dadini, metterla in una ciotola con il filetto di pesce. Con un mixer ad immersione, tritare tutto. Poi aggiungere le uova, il prezzemolo tritato, il sale, il parmigiano e iniziare ad impastare. Con il composto ottenuto formare delle polpette e passarle nel pangrattato. Friggere le polpette di pesce fino a doratura e servirle calde. Le polpette possono essere cotte anche nel forno.

RICETTA PER IL BIMBY

INGREDIENTI: 400 gr di filetti di merluzzo freschi o congelati, 40 gr di olio extravergine d'oliva, 1 scalogno, 1 uovo, 30 gr di parmigiano grattugiato, 50 gr di pangrattato (più quello per la panatura), salvia e rosmarino secco q.b., sale iodato q.b., verdure a piacere (zucchine, carote ecc.).

PREPARAZIONE: inserire nel boccale lo scalogno e l'olio extravergine 3 min./100°/vel. 4. Aggiungere i filetti di merluzzo spezzettati, le erbe aromatiche, il formaggio grattugiato, il pangrattato, l'uovo e il sale e amalgamare 20 sec./vel. 3.

Estrarre l'impasto ottenuto dal boccale (se risultasse troppo morbido o appiccicoso aggiungere dell'altro pangrattato) e formare delle polpettine da passare nel pangrattato. Sistemare le polpettine nel vassoio del Varoma, insieme a verdure a piacere, mettere nel boccale 1/2 lt d'acqua e far cuocere 30 min./Varoma/vel. 1.

Oppure ungere d'olio il piatto Crisp del microonde; versare un filo d'olio sulle polpette e infornarle nel microonde per 12 min./temperatura Crisp.

3. I DOLCI

• MUFFIN DI BARBABIETOLE

INGREDIENTI: 140 gr di barbabietole fresche, 120 gr di zucchero di canna, 140 gr di farina "00", 2 uova, 1 tuorlo, 8 gr di lievito per dolci, 90 ml di olio extravergine d'oliva, un pizzico di sale, la scorza grattugiata di un limone non trattato.

PREPARAZIONE: pelare le barbabietole e lessarle in acqua bollente (in alternativa si possono usare le barbabietole che si trovano già cotte facendo attenzione a prendere quelle senza aceto). Frullarle nel mixer insieme all'olio e tenere da parte. Montare le uova, il tuorlo e lo zucchero con le fruste elettriche fino a ottenere un composto gonfio e spumoso. Unire la purea di barbabietole, un pizzico di sale, la scorza grattugiata del limone e amalgamare. Setacciare la farina insieme al lievito, mescolando con una spatola dal basso verso l'alto e farla incorporare bene all'impasto. Distribuire l'impasto nei pirottini, riempirli per 3/4 e cuocere in forno statico per 18 minuti a 180°. Fare sempre la prova stecchino prima di sfornare.

Decorare i muffin con ciuffetti di panna montata zuccherata, spiedini di frutta, zuccherini colorati, zucchero a velo (a piacere).

RICETTA PER IL BIMBY
INGREDIENTI:

Base per muffin: 180 gr di farina "00", un pizzico di sale, estratto di vaniglia, 2 uova medie intere, 130 gr di zucchero semolato, 80 gr di yogurt, 80 gr di latte, 2 cucchiai di cacao amaro in polvere, 1 cucchiaino di aceto di vino bianco, 1/2 bustina di lievito per dolci, colorante rosso alimentare q.b. (facoltativo).

Frosting al formaggio: 200 gr di formaggio spalmabile (Philadelphia), 80 gr di zucchero a velo vanigliato, 80 gr di burro a pomata o fuso, essenza di vaniglia, sprinkles di ogni genere

PREPARAZIONE:

Muffin: inserire la farfalla e montare burro e zucchero 2 min./vel.3.

Togliere la farfalla ed aggiungere tutti gli altri ingredienti (tranne cacao e farina) e il colorante. Impastare 1 min./vel.3. Aggiungere la farina e il cacao e mescolare 40 sec./vel. Disporre l'impasto all'interno di pirottini e riempili a metà.

Cuocere in forno per 180°/20 min. circa. Lasciarli raffreddare. Fare sempre la prova dello stecchino perché essendo l'impasto rosso potrebbe stracuocere senza accorgersene.

Butter cream al formaggio: mettere tutti gli ingredienti nel boccale pulito e mescolare il tutto con la farfalla 5 min./vel.5. Mettere il preparato dentro una sacca da pasticceria e decorare tutti i muffin una volta cotti.

Servirli con zuccherini colorati di tutti i tipi e volendo qualche lampone.

• TORTA DI CIOCCOLATO E CAVOLFIORI

INGREDIENTI:

Per la base: 100 gr di cimette di cavolfiore bollite, 100 gr di burro, 200 gr di zucchero bianco, 125 gr di yogurt alla vaniglia, 100 ml di latte, 1 cucchiaio di succo di limone, 2 uova, 250 gr di farina "00", 75 gr di cacao amaro in polvere, 1 bustina di lievito vanigliato, 2 cucchiaini di cannella (facoltativo), 1 pizzico di sale.

Per la decorazione: 200 gr di robiola (o formaggio spalmabile a scelta), 50 gr di zucchero a velo, 80 gr di cioccolato fondente, 140 gr di barbabietole fresche, 120 gr di zucchero di canna, 140 gr di farina "00", 2 uova, 1 tuorlo, 8 gr di lievito per dolci, 90 ml di olio extravergine d'oliva, un pizzico di sale, la scorza grattugiata di un limone non trattato.

PREPARAZIONE: frullare il cavolfiore e ridurlo in purè. Aggiungere alla purea lo yogurt, lo zucchero, le uova, il burro sciolto, il latte e il succo del limone. Mescolare bene. Unire gli ingredienti secchi poco per volta: farina, cacao, lievito, sale, cannella e amalgamare fino a creare un composto liscio e omogeneo. Versare l'impasto in una tortiera in silicone oppure in una imburrata e infarinata (22 cm diametro). Cuocere a forno statico a 170° per circa 50 minuti. Fare sempre la prova stecchino. Togliere la torta dal forno e farla raffreddare completamente.

Preparare la farcitura mescolando la robiola con lo zucchero per creare una crema vellutata. Tagliare la base della torta per farla diventare perfettamente piatta. Rovesciare la torta e spalmarla con la crema alla robiola per ricoprirla completamente. Sbriciolare i pezzetti della torta tagliati e spargerli attorno al bordo. Sciogliere al microonde il cioccolato fondente per 2 minuti, versarlo in una sac a poche e decorare la torta.

Far raffreddare la torta in frigorifero per 30 minuti prima di servirla, in questo modo il formaggio si rapprende e rassoda.

- **TORTA DI MELE E CAROTE**

INGREDIENTI: 2 mele verdi, 100 gr di carote grattugiate, 300 gr di zucchero, 325 gr di farina 00, 225 gr di latte intero, 80 gr di olio di semi, 2 uova, 16 gr di lievito per dolci, 1 cucchiaino di cannella in polvere (facoltativo), 1 pizzico di sale iodato.

Per decorare: 1 mela rossa, 1 carota 1, cannella in stecche.

PREPARAZIONE: preparare l'acqua acidulata che servirà per non far annerire le mele una volta tagliate: spremere il succo di 1 limone, filtrarlo, versarlo in due ciotole con dell'acqua fredda. Lavare sotto l'acqua fresca corrente le mele verdi e poi sbucciarle; tagliare una mela in quarti ed eliminare il torsolo.

Ridurre la mela a dadini ponendoli nella ciotola con acqua e limone a mano a mano che vengono tagliati. Prendere la seconda mela, tagliarla a lamelle mettendole sempre in acqua e limone.

Lavare e spelare le carote, grattugiarle e metterle da parte. In un mixer porre la farina setacciata insieme al lievito e aggiungere un pizzico di sale. Versare lo zucchero, la cannella in polvere e il latte a filo, azionare il mixer fino ad ottenere un composto denso e omogeneo.

In una ciotolina a parte separare i tuorli dagli albumi, tenendo da parte questi ultimi; sbattere i tuorli con uno sbattitore elettrico e aggiungerli al composto ottenuto insieme alla carota grattugiata.

Aggiungere i dadini di mele ben scolati dall'acqua acidulata e l'olio a filo, mescolando bene con una spatola per amalgamare tutti gli ingredienti. In una ciotola a parte montare con uno sbattitore elettrico o con le fruste a mano gli albumi conservati. Quando gli albumi saranno diventati bianchi e spumosi, unirli al composto mescolando con la spatola dal basso verso l'alto. A questo punto imburrare e foderare con carta da forno una tortiera del diametro di 22 cm e poi ricoprire tutta la base con le mele tagliate a lamelle (ben scolate dall'acqua e limone) una accanto all'altra, coprendo tutta la superficie in maniera uniforme. Una volta terminato, versare delicatamente il composto.

Livellare bene l'impasto con l'aiuto di una spatola e far cuocere in forno statico preriscaldato a 170° per 60 minuti (o 150° per 50 minuti se forno ventilato): se la superficie della torta dovesse scurirsi troppo, a metà cottura coprire la torta con della carta forno o alluminio. Una volta cotta, sfornarla e lasciarla riposare dentro lo stampo per 5 minuti; successivamente sformarla ponendola su una gratella per farla raffreddare completamente e procedere alla decorazione: lavare sotto acqua fresca corrente la mela rossa, tagliarla a metà senza sbucciarla e poi a fettine.

Una volta tagliata la mela, prendere la carota e con un pelapatate fare delle fettine molto sottili. Quando la torta si sarà raffreddata completamente decorare a piacere con le fettine di mela rossa, con la carota e con la stecca di cannella.

RICETTA PER IL BIMBY

INGREDIENTI: 150 gr di farina, 200 gr di carote, 210 gr di burro, 120 gr di zucchero a velo, 5 uova, 1 bustina di lievito per dolci, 100 gr di mandorle, 2 mele golden, 1 cucchiaio di cannella (facoltativo), zucchero di canna.

PREPARAZIONE: mettere nel boccale le carote pelate e tagliate a pezzetti e tritare 30 sec./vel. 7 e mettere da parte. Fare ammorbidire il burro a temperatura ambiente, mettere nel boccale 150 gr di burro con lo zucchero a velo, 20 sec./vel. 4.

Aggiungere 4 tuorli e un uovo intero, la farina, il lievito, la cannella, le mandorle e la mela precedentemente sbucciata e tagliata a dadini e infine le carote.

Amalgamare 40 sec./vel. 4. Aggiungere gli albumi montati a neve 10 sec./vel. 4. Foderare uno stampo di circa 20×10 mettere il composto e spolverizzare con lo zucchero di canna. Cuocere a 180° per circa 1 ora (dipende dalle caratteristiche del forno). Passare la mela rimasta, dopo averla tagliata a pezzetti, in padella con il rimanente burro e un cucchiaio di zucchero di canna. Distribuire sulla torta.

4. LE BEVANDE

- ## CONCENTRATO DI VITAMINA C
RICETTA PER IL BIMBY
INGREDIENTI: 1 kiwi sbucciato, 1 fetta di ananas, 1 mela sbucciata, 2 carote pulite, acqua.
PREPARAZIONE: sbucciare tutta la frutta (togliendo torsolo e semi alla mela).
Pesare la frutta e prendere altrettanta acqua togliendo 50 gr al totale.
Inserire nel boccale tutti gli ingredienti tagliati a pezzettoni e aggiungere l'acqua.
Frullare tutto vel. 7/20 sec., poi a vel. 10/20 sec.
Filtrare tutto in un colino a maglie fini.
Bere il prima possibile per beneficiare di tutte le proprietà nutritive.

- ## CENTRIFUGATO DI FINOCCHIO
RICETTA PER IL BIMBY
INGREDIENTI: 2 finocchi, scorza di limone intera, acqua.
PREPARAZIONE: lavare bene i finocchi tagliarli in quattro parti e metterli nel boccale. Aggiungere la scorza di limone e l'acqua (uguale al peso dei finocchi, sottraendo 50 gr). Frullare tutto a vel. 7-10/20 sec. circa, poi vel. 7-10/altri 20 sec. Infine, filtrare il composto con un panno pulito, servire la bevanda il prima possibile.

- ## SUCCO DI FRUTTA ACE
RICETTA PER IL BIMBY
INGREDIENTI: 1 litro di acqua, 150 gr di zucchero, 4 arance medie, 3 carote piccole o 2 grandi, 1 limone (è possibile aggiungere una mela).
PREPARAZIONE: mettere nel boccale l'acqua e lo zucchero cuocere a 100°/10 min./vel. 1. Nel frattempo pelare a vivo la frutta, togliere i semi e tagliarla a pezzi grossi. Inserire tutto nel boccale 1 min./vel. turbo (tenere il bicchierino con la mano altrimenti schizza. Attenzione a non scottarsi). Infine, per dare corposità al succo cuocere per 2 min./100°/vel. 1. Travasare il tutto in bottiglie di vetro avendo cura di filtrare.
Si conserva in frigorifero per 1 settimana.

SVEZZAMENTO TRADIZIONALE

L'approccio all'autosvezzamento, come ormai si sarà capito, è completamente diverso dallo svezzamento tradizionale ma è giusto avere anche una panoramica di cosa preveda lo svezzamento classico in modo che una mamma sia libera di scegliere quale strada senta più adatta a lei e al proprio bambino. Con la possibilità anche di individuare una via di mezzo tra le due opzioni.

Come per l'allattamento al seno io resto fermamente convinta che al di là degli studi condotti sulla carta, lontano dalle dinamiche che si creano in una famiglia quando nasce un bambino, la cosa che più di qualsiasi altra fa davvero bene ad un bambino è la serenità della sua mamma. Quindi, posto che sia giusto informarsi e avere piena consapevolezza, sta poi ad ogni singola mamma valutare fino a che punto se la sente e di fare cosa. Una mamma che allatta ma che è stressata, che piange continuamente, che non chiude occhio e nessuno può sostituirla, in difficoltà emotiva, la trovo decisamente meno positiva di una mamma serena che ha trovato il suo equilibrio con il latte in formula che è perfettamente studiato da pool di medici/pediatri/nutrizionisti affinché sia il più adatto possibile alle esigenze di un bambino. Lo stesso vale per lo svezzamento: se una mamma non se la sente di non avere un controllo chiaro, delle linee guida, dei tempi, delle quantità che le possano fare da parametro, nulla vieta di partire con lo svezzamento tradizionale. Probabilmente, dopo aver letto questo libro, se la sua esperienza di svezzamento non dovesse seguire le tabelle standard prescritte dal pediatra si sentirebbe un po' meno preoccupata; se il bambino non rispetterà esattamente le quantità previste si sentirà più tranquilla. L'importante è che sia la mamma sia il bambino trovino il proprio equilibrio.

Venendo allo svezzamento tradizionale possiamo dire che anche in questo caso **il termine di inizio si è comunque spostato intorno ai 6 mesi.** Gli assaggi prima di questa età è stato dimostrato che non servono assolutamente a nulla, né ad abituare il bambino a qualcosa (il cucchiaino) che quando sarà pronto accetterà senza bisogno di lezioni (come provare a mettere in piedi un bambino di 3 mesi così si abitua a camminare…) né per prevenire le allergie (se c'è una predisposizione questa si manifesterà comunque e a qualsiasi mese si introdurranno gli alimenti). Semplicemente studi hanno dimostrato che l'intestino di un bambino solo intorno ai 6 mesi è pronto per ricevere cibo diverso dal latte.

Come abbiamo detto parlando dell'autosvezzamento la realtà è che a 6 mesi un bambino è pronto per assimilare e digerire il cibo normale. È per questo che il baby food che caratterizza lo svezzamento tradizionale è inutile: questo è stato creato nel passato quando lo svezzamento per vari motivi era stato anticipato intorno ai 4 mesi, quando ancora l'intestino del bambino non era pronto a ricevere cibo diverso dal latte. Si sono prodotti alimenti in formulazioni tali da rendere il più digeribile possibile alimenti non adatti all'organismo che li stava ricevendo.

Quindi, base di partenza resta comunque l'avvicinarsi dei 6 mesi, la capacità del bambino di stare seduto da solo (che sembra essere un segnale corrispondente alla fase della maturazione interna dell'intestino), la perdita del riflesso di estrusione (che gli consentirà di accettare il cucchiaino senza forzature).

Semplificando, i concetti cardine dello svezzamento tradizionale, che per molti aspetti è più "ordinato" dell'autosvezzamento prevedono:

- inizio con la pappa del mezzogiorno (per un mese circa questa sarà l'unico pasto solido, per il resto si proseguirà con il latte materno o artificiale)
- introduzione di un cibo per volta cominciando dal classico brodo vegetale (prima solo patata e carota, poi si aggiungerà la zucchina, poi un'altra verdura e così via per renderlo sempre più completo)
- insieme al brodo si andranno poi ad aggiungere le farine (riso, mais e tapioca ecc.)

- solo dopo 3 settimane si comincerà ad introdurre la carne (preferibilmente liofilizzata)
- dopo circa 1 mese si comincerà ad introdurre la pappa della sera (uguale a quella del mezzogiorno – magari alternando le farine)
- nello svezzamento tradizionale è previsto ancora il rimando di alcuni alimenti che verranno introdotti solo dopo una certa fase

A seguire una tabella indicativa per l'introduzione dei nuovi alimenti nello svezzamento tradizionale:

	5 mesi	6 mesi	7 mesi	8 mesi	9-12 mesi	12-24 mesi
Latte e Yogurt	Latte materno o formula	Yogurt intero bianco				Formula 2 o latte vaccino
Brodo	Vegetale			Di carne		
Cereali	Crema di riso, mais, tapioca	Cereali con glutine o semolino	Pastina, riso		Pastasciutta, biscotti	Orzo e farro
Verdure	Patate, carote, zucchine	Erbette, finocchio, zucca, spinaci		Fagiolini, lenticchie, piselli	Pomodoro, sedano, cavoli, fagioli	Melanzane, carciofi
Carne	Agnello, coniglio, tacchino, vitello	Pollo, manzo	Prosciutto cotto senza conservanti			Maiale
Pesce			Sogliola, trota, platessa, merluzzo		Pesce spada, salmone	Crostacei
Uova					Tuorlo	Albume
Frutta	Mela, pera, banana		Prugne, albicocche, ananas, pesche, agrumi			Frutti rossi, kiwi, uva, cachi, fichi, melone, castagne, noci
Formaggio	Parmigiano, ricotta, robiola, crescenza, caprino		Belpaese, caciotta, fontina		Formaggi stagionati	
Grassi	Olio extravergine d'oliva					

In questa tabella sono indicate le quantità in grammi previste dallo svezzamento tradizionale per ogni tipologia di alimento *(fonte "Maurizio Iaia: lo svezzamento e oltre...secondo natura. Una guida per genitori e pediatri")*.

	6-9 mesi	10-12 mesi	1-3 anni
Cereali	25/30	30/35	40/50
Carni magre	30	35	40
Carni stagionate (prosciutto/bresaola)	15	20	20/25
Pesce	40	50	50/60
Formaggi			
- freschi molli (spalmabili)	30/35	35/40	40
- freschi da taglio (mozzarella, caciotta)	15/20	20/25	30
- a media stagionatura (pecorino)	10/15	15	20
- stagionati (parmigiano)	5/10	5/10	5/15
Legumi			
- freschi	20	20	25
- secchi	60	60	60/70
Uova	n. 1	n. 1	n. 1
Olio	1 cucchiaio	1 cucchiaio	1 cucchiaio
Ortaggi e frutta			
- verdure crude non a foglia	50	60/70	80
- verdure crude a foglia	15	20/25	25/30
- verdure miste per zuppa	80	100	120
- frutta fresca	80/100	100	100/150
- frutta secca	10	10	15

Per le prime pappe, la ricetta base prevede generalmente:
* 180-200 ml di brodo vegetale (fatto con sedano-patata-carota-cipolla) + 2-3 cucchiai delle verdure usate per il brodo (solo patata e carota), frullate.
* 3-4 cucchiai di cereale (crema di riso o mais o tapioca, semolino, riso, pastina... a seconda delle capacità di masticazione e deglutizione del bambino e a seconda delle sue personali preferenze tra pappe più liquide o più dense)
* Carne o pesce o legumi secondo il fabbisogno
* 1-2 cucchiaini di olio extravergine d'oliva
* 1 cucchiaio (circa 10 gr) di parmigiano reggiano.

Un consiglio che non ho messo in pratica perché poi ho optato per l'autosvezzamento ma che mi è sembrato sensato è stato quello di ignorare completamente la vecchia usanza di introdurre prima di tutto la frutta (un po' di mela, un po' di pera ecc.). La frutta è un sapore dolce e se il palato si abitua a quel tipo di sapore sarà sicuramente più difficile l'accettazione di pietanze meno saporite e dolci, come ad esempio le verdure.

Meglio piuttosto provare a pranzo a dare qualche carota al vapore schiacciata o qualche zucchina o la patata; ad esempio quelle che avanzano dalla preparazione del brodo.

Una cosa che non mi aveva convinto molto dello svezzamento classico era proprio il mischiare i sapori in un unico piatto, tutti insieme. Questo impedisce al bambino di prendere confidenza con i singoli gusti (delle verdure in particolare) che vengono coperti dagli altri. Offrendo invece al bambino i sapori ben distinti si aiuta il suo palato ad abituarsi a determinati stimoli/gusti. Un conto è mangiare patate, zucchine e carote passate insieme alla farina di mais e tapioca, sommersa di grana e olio; un conto è assaggiare le carote (al vapore e schiacciate), le zucchine, qualche chicco di riso, una puntina di grana grattugiato. Però ci possono essere bambini che proprio rifiutano i pezzettini più consistenti e li sputano. Per loro magari lo svezzamento tradizionale può essere la soluzione più adatta per approcciarsi serenamente al cibo solido. Se lo svezzamento è fatto all'età giusto (aspettando i 6 mesi) resta comunque inutile il ricorso al baby food: ci sono robot da cucina che possono facilmente frullare qualsiasi alimento o creare gli omogeneizzati.

Se lo si fa per comodità è assolutamente condivisibile. Se lo si fa perché si ritiene che sia più sicuro si spendono soldi inutilmente.

LA PRIMA PAPPA

PRIMA PAPPA	
Crema di cereali	20 g
Verdure miste di stagione	30 g (3 cucchiai da minestra)
Brodo vegetale	200 ml
Olio extravergine d'oliva	5 g (un cucchiaino da caffè)
Carne fresca o Omogeneizzato di carne o Legumi decorticati secchi o Liofilizzato di carne	15 g 40 g 10 g 5 g
Frutta fresca di stagione ben matura o ½ omogeneizzato di frutta	80 g 40 g
Non aggiungere né sale né dado	

ESEMPI MENU 6/12 MESI

MENU 1	QUANTITÀ
Brodo di verdura	200 ml
Verdura frullata	3 o 4 cucchiai da minestra
Farina di cereali o semolino o pastina	20 g (2 cucchiai da minestra)
Ricotta	30 g
Parmigiano Reggiano grattugiato	5 g (un cucchiaino da caffè)
Olio extravergine d'oliva	8 g (un cucchiaino e mezzo da caffè)
Frutta	150 g
In alternativa alla ricotta è possibile utilizzare la crescenza nello stesso quantitativo, riducendo l'olio extravergine a 5 g.	

MENU 2	QUANTITÀ
Brodo di verdura	200 ml
Verdura frullata	3 o 4 cucchiai da minestra
Farina di cereali o semolino o pastina	20 g (2 cucchiai da minestra)
Carne di pollo	20 g (fresca)
Olio extravergine d'oliva	10 g (2 cucchiaini da caffè)
Frutta	100 g
Alternare la carne di pollo con quella di tacchino, coniglio, agnello, manzo utilizzando la medesima quantità.	

MENU 3	QUANTITÀ
Brodo di verdura	200 ml
Passato di verdura	3 o 4 cucchiai da minestra
Farina di cereali o semolino o pastina	20 g (2 cucchiai da minestra)
Pesce	20 g (fresco o surgelato)
Olio extravergine d'oliva	10 g (2 cucchiaini da caffè)
Frutta	100 g
Alternare pesce di mare fresco o surgelato utilizzando la medesima quantità.	

MENU 4	QUANTITÀ
Brodo di verdura	200 ml
Passato di verdura	3 o 4 cucchiai da minestra
Farina di cereali o semolino o pastina	30 g (2/3 cucchiai da minestra)
Uovo (1/2)	30 g
Olio extravergine d'oliva	7,5 g (un cucchiaino e mezzo da caffè)
Frutta	100 g

MENU 5	QUANTITÀ
Brodo di verdura	200 ml
Passato di verdura	3 o 4 cucchiai da minestra
Farina di cereali o semolino o pastina	20 g (2 cucchiai da minestra)
Ceci secchi	15 g
Olio extravergine d'oliva	10 g (2 cucchiaini da caffè)
Parmigiano Reggiano grattugiato	5 g (1 cucchiaino da caffè)
Frutta	100 g
Alternare i ceci con fagioli, lenticchie, piselli utilizzando la medesima quantità.	

Come merenda o spuntini durante la giornata è possibile alternare:
- latte materno o in formula
- yogurt bianco intero
- frutta fresca

T

TUTTO? MA PROPRIO TUTTO?

Sì, il concetto di autosvezzamento è proprio così. **Tutto, ma proprio tutto!**
Il bambino può sperimentare qualsiasi cibo, può toccarlo con le mani (anzi, questa è una fase fondamentale per ridurre il rischio di soffocamento: se prima ho manipolato il cibo, ne ho riconosciuto la consistenza, sarò più preparato a gestirlo in bocca), può leccarlo, può osservarlo e spostarlo.

Non ci sono restrizioni all'introduzione di cibi, purché siano cucinati in maniera sana (evitando quello che anche ad un adulto farebbe male: i fritti, gli eccessi di condimento ecc.).

Recenti scoperte hanno dimostrato che non ha più senso nemmeno scandire nel tempo l'introduzione di alimenti perché se esistono delle allergie queste prima o poi si manifesteranno in qualsiasi caso. Dopo i 6 mesi l'intestino del bambino è pronto a ricevere il cibo normale per cui se non ci sono predisposizioni allergiche il cibo verrà tranquillamente digerito (ci saranno cibi più o meno facili da digerire ma con gli stessi criteri per cui lo possono essere o meno per un adulto).
Ritardare l'introduzione di un cibo (anche di quelli notoriamente allergizzanti – uova, fragole, frutta secca, cioccolato, pomodori ecc.) non limiterà il rischio di sviluppare un'allergia, semplicemente ne ritarderà la manifestazione dei sintomi. Ritardare l'introduzione del glutine non ridurrà il rischio che un bambino possa diventare celiaco; semplicemente ci si accorgerà che lo è più tardi, quando il glutine verrà introdotto.
Resta invece consigliabile l'introduzione graduale dei nuovi alimenti, per permettere al bambino di familiarizzare con un nuovo gusto alla volta, prenderne confidenza e consentire all'adulto di tenere monitorate eventuali reazioni e attribuirle subito al nuovo alimento introdotto.

In sostanza, quindi, l'inizio dello svezzamento, può rappresentare un'importante occasione di ripensare la propria dieta e integrare carenze o riequilibrare nutrienti che ci si accorge di trascurare. Ad es.: alterniamo correttamente le diverse fonti di proteine? I legumi li mangiamo? Frutta e verdura sono inseriti nelle giuste quantità? Quanti dolci? E i cereali integrali?

Le uniche accortezze riguardano:

- **i funghi**: da consumare in quantità ridotte almeno fino ai 12 anni in quanto la loro membrana cellulare contiene una sostanza, la chitina (detta anche micosina), molto difficile da digerire prima di quell'età, quando gli enzimi per la sua demolizione non sono presenti in quantità adeguata. Inoltre, i bambini sono più sensibili agli avvelenamenti, per questo motivo è meglio evitare. Questo non significa eliminarli completamente dalla tavola, anzi, assaggiarli e imparare a riconoscere anche questo sapore tipico della nostra tradizione è un'occasione da non perdere. Basta che si tratti di un assaggio e non di un pasto a tema (e solo di funghi confezionati e certificati. In caso di intossicazione i bambini non sono in grado di comunicare i sintomi tempestivamente, ritardando e rendendo più complesso un eventuale intervento medico);

- **i frutti di mare**: perché possono essere facilmente contaminati. È preferibile cucinare i frutti di mare congelati, facendoli poi cuocere per almeno 15 minuti, al fine di abbattere qualsiasi agente patogeno di cui sono, purtroppo, spesso portatori. Le infezioni che si possono contrarre dai crostacei o molluschi (ad es. l'epatite A o la salmonella) su un bambino piccolo possono avere ripercussioni più gravi rispetto ad un adulto ed è per questo che si consiglia un'introduzione graduale a partire dai 3 anni di età. Anche in questo caso la raccomandazione è quella di considerarli degli assaggi o di utilizzarli per insaporire ad esempio una pasta o il brodo, ma di non proporli, come portate principali o piatti a sé;

- **il miele**: limite che crea non pochi litigi in famiglia in quanto esistono dei sostenitori assoluti di questo importantissimo alimento. Il miele ha tantissime proprietà che nei bambini più grandi e negli adulti sono sicuramente positive. Nei bambini piccoli, invece, sotto i 12 mesi (ma meglio ancora sotto i 2 anni) nasconde il rischio di provocare il "botulismo infantile". La tossina del botulino è presente in natura e le api, succhiando il nettare, potrebbero portarla nell'alveare e contaminare il miele. Quando le spore arrivano nell'intestino del bambino piccolo (soprattutto nel neonato, per cui assolutamente da evitare la pratica del ciuccio intinto nel miele!), dove non è ancora sviluppata la flora batterica, possono trovare terreno fertile per moltiplicarsi, produrre la tossina botulinica e sviluppare la malattia. Questa tossina può provocare una paralisi generale del corpo e, di conseguenza, una paralisi respiratoria che può portare alla morte per soffocamento.

Gli adulti e i bambini più grandi, avendo una flora intestinale più complessa e un transito intestinale più veloce, riescono ad espellere le spore senza permettere loro di sviluppare la tossina all'interno dell'organismo;

- **il sale**: da moderare (il gusto del salato è difficile da modificare in seguito e l'eccesso di sale provoca col tempo conseguenze dannose). Moderare non significa eliminare! Il sale, in particolare quello iodato – da cucina, è assolutamente fondamentale per un corretto sviluppo mentale e per evitare carenze e disordini futuri (ad es. alla tiroide). Bisogna però considerare, per bilanciarne il consumo, che il sale è già contenuto in parecchi alimenti (insaccati, grana/parmigiano ecc.). Soprattutto nelle diete vegetariane o vegane l'apporto di iodio attraverso il sale deve essere garantito venendo a mancare alimenti che lo contengono naturalmente come pesce, latte, uova;

- in alternativa al sale possono essere utilizzate **le spezie e le erbe aromatiche**: sulle seconde non ci sono particolari indicazioni; sulle spezie, invece, il consiglio è quello di aspettare almeno i 12 mesi, essendo gusti molto forti e particolari che potrebbero creare un rifiuto rispetto ai sapori più tradizionali della nostra cucina e degli alimenti meno saporiti (come ad esempio le verdure). Le spezie possiedono moltissime utili proprietà (digestive, antinfiammatorie, antifermentative, antiossidanti ecc.) che garantiscono un valore aggiunto al pasto;

- **gli zuccheri**: sarebbero da evitare completamente, almeno quelli aggiunti. Lo zucchero, necessario per l'energia, è naturalmente presente in alimenti come la frutta. Per questo sarebbe meglio evitare completamente l'assunzione di bevande zuccherate (succhi di frutta, tisane, the, camomilla – a meno che non siano al naturale). La preparazione di dolci fatti in casa è sicuramente da privilegiare rispetto all'acquisto di prodotti industriali. Inoltre, preparare torte a casa, può essere l'occasione per somministrare ulteriori quantità di frutta o verdura, soprattutto nei bambini che non la consumano volentieri. Online si possono trovare tantissime ricette di dolci con un notevole quantitativo di ingredienti vegetali (torta di mele, torta di pere, torta alle carote, muffin alla barbabietola, plum-cake al cavolfiore ecc.). Il quantitativo di zucchero solitamente indicato nelle ricette si può tranquillamente ridurre del 20/30% senza compromettere il risultato finale ma, anzi, rendendolo più sano per un consumo in famiglia;

- **il latte vaccino**: sconsigliato assolutamente fino ai 12 mesi per l'eccessivo contenuto di proteine e sali minerali. Il latte è un alimento specie specifico, per cui ogni animale produce quello adatto al proprio cucciolo e un neonato è decisamente differente da un vitellino. Fino ai 12 mesi è quindi raccomandato proseguire con l'allattamento al seno oppure utilizzare il cosiddetto "latte di proseguimento". Dopo i 12 mesi (meglio ancora dopo i 24), gradualmente, è possibile introdurre il latte vaccino, che diventa un importantissimo alimento, portatore di calcio e proteine nobili facilmente digeribili.

U

UTILITÀ

Quali sono le cose utili da acquistare per lo svezzamento? Quali le indicazioni da conoscere per un approccio sereno e consapevole al cibo solido?

In realtà **occorrono ben poche cose** che non si hanno già normalmente in casa. L'importante è fare proprie delle accortezze che possano rendere la cucina a prova di bimbo.

La cucina è l'ambiente più pericoloso della casa, quello in cui avvengono la maggior parte degli incidenti domestici. Con un bambino in circolazione è ancora più importante prendere le dovute precauzioni per prevenire situazioni critiche.

Attrezzare la cucina adeguatamente, inoltre, è il primo passo per limitare le tensioni e i nervosismi al momento della pappa, quando tutte le attenzioni devono essere rivolte al bambino e l'atmosfera deve essere serena e rilassata.

Quali sono quindi le accortezze utili per vivere positivamente l'esperienza del pasto?

Non cucinare mai con il bambino in braccio.
Assicurarsi di posizionare il bambino al sicuro, o sdraiato sul tappetone, oppure nel suo box, o seduto nel seggiolone ad una distanza di sicurezza dai fornelli e dalla tavola apparecchiata.
Anche se il bambino dovesse piangere non è mai buona norma tenerlo nella fascia o in braccio mentre si cucina, mentre si maneggiano cibi o pentole calde, mentre si apparecchia (posate appuntite o piatti di ceramica). Non bisogna mai pensare a quando le cose vanno bene. In quel caso non succederà nulla. Ma basta un imprevisto, un giramento di testa per la stanchezza, un movimento inaspettato, una scivolata su un po' d'acqua.
Mentre si cucina, il bambino deve stare lontano dalla mamma (non deve gattonarle in mezzo

alle gambe e non deve essere preso in braccio). Piuttosto si sospende la preparazione e ci si dedica al bambino ma lo si deve tenere sempre lontano dalle fonti di pericolo (fornelli, cassetti, tavola apparecchiata).

Le pentole andrebbero posizionate sempre sui fuochi più vicini alla parete, *lontani dai bambini che tentano di afferrarle in un momento di distrazione dei genitori. I manici sempre rivolti verso il fondo e mai sporgenti visto che potrebbero attirare l'attenzione dei piccoli.*

Attenzione al forno caldo. *Valutate possibili rivestimenti che possano limitare il calore che fuoriesce dal vetro.*

Non lasciare mai la lavastoviglie aperta. *Posizionare sempre le posate con i manici verso l'alto (soprattutto coltelli e forchette).*

Eliminare i tappeti dalla cucina: *sono tra le principali cause di incidenti domestici perché ci si può inciampare e la cucina è piena di spigoli e pericoli con cui è possibile farsi davvero male. A maggior ragione quando ci sono bambini che potrebbero circolare nei paraggi.*

*Se possibile sarebbe bene **mangiare senza tovaglia**, direttamente sul tavolo. La tovaglia è la prima cosa che i bambini imparano ad afferrare in un attimo di distrazione e tirare a sé. Bene che vada romperanno qualche piatto o bicchiere. Male che vada potrebbero afferrare un coltello o una forchetta o rovesciarsi addosso il brodo bollente.*

*Se il bambino ha la passione dei cassetti e li apre e li chiude in continuazione, è utile acquistare dei "**blocca ante e cassetti**" o, come soluzione economica ma non altrettanto efficace, utilizzare lo scotch (quello di carta così non rovina il mobile) per impedire al bambino di mettersi in pericolo. Almeno per i cassetti contenenti utensili pericolosi perché taglienti (coltelli, forbici, lame ecc.), pesanti (pentole ecc.), rompibili (oggetti in vetro o porcellana), ingoiabili (tappi, fascette ecc.). Attenzione anche ad accendini e accendigas.*
Se i bambini amano giocare con gli oggetti della cucina perché desiderano imitare i genitori, è sempre possibile proporgli un cassetto alla sua portata con cucchiai di legno, mestoli, lecca pentola, spatole, taglieri leggeri, cucchiaini, tortiere in silicone, contenitori in plastica ecc.
I detersivi andrebbero tenuti in alto o in un mobile sottochiave (in particolare quelli ingoiabili come le pastiglie della lavastoviglie). È opportuno dire che i detersivi che si utilizzano per le stoviglie (come quelli per l'igiene personale) sono velenosi ma non mortali. L'attenzione

maggiore va posta sui detersivi per i pavimenti, i mobili o la lavatrice che non essendo a diretto contatto con l'organismo hanno una pericolosità maggiore perché utilizzano sostanze più nocive. Assolutamente vietato travasare i detersivi e i veleni in contenitori diversi dai loro. Ogni sostanza deve rimanere nel suo contenitore originale in modo che chiunque la possa sempre riconoscere e in modo che sia presente la sua etichetta con i componenti. Non usare mai le bottiglie dell'acqua che il bambino associa a qualcosa di familiare e commestibile.

Per qualsiasi dubbio dopo l'ingestione di un prodotto è necessario contattare immediatamente il Centro Antiveleni di Milano – Azienda Ospedaliera Niguarda Ca' Granda al numero 02.66101029 o il numero verde del Centro Antiveleni di Bergamo 800-883300, oppure il 112/118 (a seconda delle Regioni).

Oltre ai detersivi, una cosa a cui non si presta mai attenzione ma che può essere altrettanto pericolosa, se non di più, sono le buste di plastica che possono provocare soffocamento. Anche queste non vanno mai tenute in una posizione accessibile al bambino oppure è necessario chiudere con gli appositi meccanismi in commercio il cassetto o l'anta che le contiene.

L'unica cosa utile da acquistare effettivamente per lo svezzamento sarebbero 2/3 **piatti di silicone** con le ventose sotto (verificare che effettivamente si attacchino alla superficie del tavolo). In questo modo, i movimenti impacciati del bambino possono essere compiuti in tranquillità, senza che nelle sue prove si trascini dietro il piatto, rovesciandosi addosso tutto il contenuto.

Anche un bicchierino (molto meglio del biberon) di plastica con il beccuccio e i manici aiutano il bambino ad acquisire autonomia nel bere. Verificare che il beccuccio sia "anti goccia" per evitare che il bambino non riesca a portare alla bocca il bicchiere prima che l'acqua fuoriesca.

È vero che è importante mostrare al bambino cosa succede se compie un movimento sbagliato (il piatto cadendo si rompe, il bicchiere se rovesciato fa uscire l'acqua) ma non è il caso, in fase iniziale, rendere eccessivamente complicata la situazione. Il bambino deve poter sbagliare senza conseguenze particolari, in modo tale che possa affinare i movimenti e mangiare in completa serenità.

Come **posate** bastano i cucchiaini e, più avanti, le forchettine da dolce. Inutile acquistare posate di plastica che non svolgono adeguatamente il loro dovere. Le forchette non infilzano e i cucchiai sono sempre troppo piccoli.

Al posto del bavaglio, soprattutto in caso di autosvezzamento, sono decisamente più efficaci i **grembiulini di plastica** che coprono completamente il bambino che può così sperimentare senza l'ansia della mamma e del papà che vedono sporcarsi tutti i vestitini. E' bene prenderne qualcuno in più (da tenere sempre nella borsa quando si esce oppure dai nonni), con le maniche lunghe (le maniche sono la parte che si sporca più di frequente) e con la possibilità di stringere il collo.

Anche i bavagli di silicone con la vaschetta "raccogli briciole" sono un validissimo alleato.

Sia i grembiulini plastificati che i bavaglini in silicone presentano anche la comodità di essere facilmente lavabili sotto il lavandino, con una veloce passata e non rimangono macchiati come quelli di stoffa.

Per il **seggiolone** non fatevi abbagliare da quelli ergonomici e super costosi. Sono belli, sì. Io ho preso uno di quelli. Ma sono spesso eccessivamente ingombranti e pesanti e quasi tutti i bambini, dopo un po' non ci vogliono comunque più stare.

In commercio ce ne sono di leggeri e comodi, facilmente lavabili e smontabili all'occorrenza. L'ideale sarebbe sceglierne uno con il vassoio removibile. Il vassoio è sempre comodo averlo, perché in caso di necessità il bambino può essere spostato in qualsiasi stanza della casa e tenuto sotto controllo mentre mangia (non date per scontato che non vi servirà; vi servirà eccome). Il fatto che sia removibile consente invece di poter piano piano avvicinare il bambino alla tavola dei genitori, facendolo mangiare insieme a loro, direttamente sul piano.

Per alcuni non sono necessarie, ma per altri sono fondamentali le bretelle per legare il bambino al seggiolone ed evitare che, nel tentativo di uscire, possa cadere.

Sotto il seggiolone è sempre utile mettere dei fogli di giornale o una **grande tovaglia**. Il bambino sporcherà, il cibo cadrà. Se non si vuole passare sempre l'aspirapolvere e lavare il pavimento dopo ogni pasto, l'ideale è posizionare una grande tovaglia plastificata (così da assorbire eventuali liquidi) da usare sempre per questo scopo, che si potrà poi sbattere all'esterno o direttamente nella spazzatura (o dei fogli di giornale da buttare – ma questi non assorbiranno eventuali liquidi).

Durante il momento della pappa è utile tenere a portata di mano il **rotolo di Scottex** e le **salviettine umidificate**. Servono sempre ed è meglio averle vicini piuttosto che lasciare il bambino da solo in un momento potenzialmente pericoloso per andare a prenderle.

Non riempire mai eccessivamente il piatto. Soprattutto le prime volte, l'approccio al cibo potrebbe essere molto lento e la pappa si raffredda velocemente. Meglio tenerla separata in due piatti, così *mentre si interagisce con uno l'altro può essere tenuto in caldo o riscaldato nel microonde (senza sottrarre al bambino quello che ha a disposizione visto che molti piangono disperatamente se il piatto gli viene tolto). Allo stesso modo attenzione alle pietanze bollenti che possono lasciare il segno di una brutta esperienza se il bambino dovesse scottarsi: bisogna sempre assaggiare prima di offrire la pappa (o il latte).*

*L'importante, in ogni caso, è **non lasciare mai il bambino da solo in cucina**. La cucina rappresenta sempre un ambiente pericoloso, spesso basta una disattenzione, una dimenticanza, per creare delle condizioni critiche, anche quando agli occhi di un adulto sembrano non esserci pericoli in vista.*

Un ultimo consiglio riguarda invece l'atteggiamento da tenere in cucina: inutile fissare troppe regole per poi sgridare il bambino in continuazione. Meglio predisporre l'ambiente affinché ci renda il più sereni possibile.

V

VEGETARIANO/VEGANO

Sempre più spesso le famiglie cercano consigli e indicazioni su diete particolari, che non prevedano in tutto o in parte alcuni tipi di nutrienti.

Queste scelte non sono assolutamente da stigmatizzare ma **vanno concordate insieme al proprio pediatra o ad un nutrizionista esperto** in quanto, soprattutto nella fase di crescita e sviluppo, è assolutamente necessario che il bambino riceva tutti i nutrienti di cui l'organismo ha bisogno, nelle quantità adeguate e secondo una dieta varia ed equilibrata.

Al di là delle diete rese necessarie da particolari allergie o intolleranze (in particolare quelle legate ai latticini o al glutine), molti genitori vorrebbero scegliere per i propri bambini una dieta vegetariana o vegana.

L'eccesso di proteine nelle diete occidentali è un dato di fatto, per cui una riduzione della quantità sarebbe effettivamente auspicabile. Siccome però, in questi regimi alimentari, non si parla di una riduzione, ma di una vera e propria eliminazione di alcuni alimenti, il consulto del medico è assolutamente necessario per valutare il quadro complessivo di crescita del bambino ed evitare carenze nutrizionali che potrebbero portare, anche se non nell'immediato, a dei ritardi nello sviluppo.
Se possibile, l'adozione di diete che prevedono l'eliminazione completa di un elemento della dieta base sarebbe da posticipare almeno dopo i 6 anni di età, quando lo sviluppo comincia ad assestarsi.

Per rispondere a queste esigenze in maniera strutturata, però, senza lasciare al caso l'alimentazione dei bambini le cui famiglie desiderano seguire diete vegetariane o vegane, le stesse ATS hanno predisposto alcuni **schemi dietetici** che cercano di mantenere inalterato l'equilibrio tra le calorie e i nutrienti assunti.

Per avere un quadro indicativo, nelle tabelle che seguono vengono riassunte le indicazioni di massima delle ATS in caso di diete speciali.

MENU SENZA CARNE	
Alimento	**Frequenza di consumo (a scuola)** **A rotazione su 5 giorni (pranzo)***
Pane fresco a ridotto contenuto di sale (comune o integrale)	1 porzione / pasto
Cereali (pasta, riso, orzo, farro, mais ecc.)	1 porzione / pasto
Legumi (anche come piatto unico se associato a cereali o secondo piatto)	1-2 porzioni a settimana (4-8 al mese)
Prodotti derivati da legumi o cereali (tofu, seitan, tempeth, proteine ristrutturate dalla soia ecc.)	0-2 al mese
Pesce	1-2 porzioni a settimana (4-8 al mese)
Uova	3-5 al mese
Formaggi	3-5 al mese
Verdure e ortaggi	1 porzione a pasto
Patate	0-1 porzione a settimana (0-4 al mese)
Olio extravergine di oliva	Prevedere l'utilizzo esclusivo di olio extravergine di oliva sia per i condimenti a crudo che per le cotture.
Frutta fresca di stagione	1 porzione al giorno
Frutta secca oleosa (mandorle, nocciole, noci ecc.) in sostituzione o abbinamento alla frutta fresca	0-2 porzioni a settimana

MENU SENZA CARNE E PESCE	
Alimento	**Frequenza di consumo (a scuola)** **A rotazione su 5 giorni (pranzo)***
Pane fresco a ridotto contenuto di sale (comune o integrale)	1 porzione / pasto
Cereali (pasta, riso, orzo, farro, mais ecc.)	1 porzione / pasto
Legumi (anche come piatto unico se associato a cereali o secondo piatto)	1-2 porzioni a settimana (4-8 al mese)
Prodotti derivati da legumi o cereali (tofu, seitan, tempeth, proteine ristrutturate dalla soia ecc.)	0-2 al mese
Uova	4-6 al mese
Formaggi	4-6 al mese
Verdure e ortaggi	1 porzione a pasto
Patate	0-1 porzione a settimana (0-4 al mese)
Olio extravergine di oliva	Prevedere l'utilizzo esclusivo di olio extravergine di oliva sia per i condimenti a crudo che per le cotture.
Frutta fresca di stagione	1 porzione al giorno
Frutta secca oleosa (mandorle, nocciole, noci ecc.) in sostituzione o abbinamento alla frutta fresca	1-2 porzioni a settimana

MENU SENZA PROTEINE DI ORIGINE ANIMALE	
Alimento	**Frequenza di consumo (a scuola)** **A rotazione su 5 giorni (pranzo)***
Pane fresco a ridotto contenuto di sale (comune o integrale)	1 porzione / pasto
Cereali (pasta, riso, orzo, farro, mais ecc.)	1 porzione / pasto
Legumi (anche come piatto unico se associato a cereali o secondo piatto)	4-5 porzioni a settimana
Prodotti derivati da legumi o cereali (tofu, seitan, tempeth, proteine ristrutturate dalla soia ecc.)	0-1 porzioni a settimana (0-4 al mese)
Verdure e ortaggi	1 porzione a pasto
Patate	0-1 porzione a settimana (0-4 al mese)
Olio extravergine di oliva	Prevedere l'utilizzo esclusivo di olio extravergine di oliva sia per i condimenti a crudo che per le cotture.
Frutta fresca di stagione	1 porzione al giorno
Frutta secca oleosa (mandorle, nocciole, noci ecc.) in sostituzione o abbinamento alla frutta fresca	2-3 porzioni a settimana

A casa queste indicazioni vanno completate con le quantità indicate nella piramide transculturale (durante le cene o i pasti del weekend).

N.B. questi menu potrebbero comportare un ridotto apporto di alcuni elementi fondamentali quali ferro, zinco, vitamina B12, calcio, vitamina D. Per questo è indispensabile monitorare con il proprio pediatra o medico di famiglia l'eventuale necessità di integrarli per altre vie.

L'ATS di Bergamo ha predisposto **30 schemi dietetici** che possono essere utilizzati come linee guida per la creazione di un menu settimanale privo di ogni alimento di origine animale.

PASTI A BASE DI LEGUMI

Menu	Ricette	Ingredienti	Nido 1-3 anni	Infanzia	Primaria	Secondaria
V1	Zuppa di legumi	**Pasta**	g 15	g 20	g 30	g 30
	Zucchine	ceci	g 20	g 30	g 40	g 40
	Pane	lenticchie	g 20	g 30	g 40	g 40
	Frutta	piselli	g 20	g 30	g 40	g 40
		Zucchine	g 50	g 100	g 150	g 150
		Pane	g 20	g 50	g 60	g 75
		Frutta	g 100	g 150	g 200	g 200
		Olio EVO	g 15	g 15	g 18	g 20
V2	Polenta e lenticchie	**Farina di mais**	g 40	g 65	g 80	g 90
	Carote	lenticchie	g 30	g 30	g 40	g 50
	Pane integrale	**Carote**	g 40	g 80	g 100	g 150
	Frutta	**Pane integrale**	g 20	g 40	g 30	g 35
		Frutta	g 100	g 150	g 200	g 200
		Olio EVO	g 17	g 15	g 20	g 25
		pelati se graditi	q. b.	q. b.	q. b.	q. b.
V3	Pasta e ceci	**Pasta**	g 40	g 50	g 60	g 80
	Insalata	ceci	g 30	g 30	g 40	g 40
	Pane integrale	rosmarino	q. b.	q. b.	q. b.	q. b.
	Frutta	**Insalata**	g 30	g 70	g 80	g 100
		Pane integrale	g 20	g 60	g 80	g 80
		Frutta	g 100	g 150	g 200	g 200
		Olio EVO	g 15	g 17	g 20	g 20
V4	Vellutata di piselli	**Piselli**	g 70	g 100	g 120	g 150
	Zucchine ripiene	patate	g 110	g 130	g 200	g 250
	Pane integrale	**Zucchine**	g 70	g 100	g 200	g 200
	Frutta	erbette	g 20	g 30	g 50	g 50
		patate	g 40	g 50	g 80	g 100

		Pane	g 30	g 50	g 70	g 80
		Frutta	g 100	g 150	g 200	g 200
		Olio EVO	g 16	g 16	g 20	g 25
V5	Pasta al pomodoro	**Pasta**	g 40	g 50	g 60	g 70
	Crocchette di ceci	pelati	g 30	g 50	g 50	g 100
	Finocchi	**Ceci secchi**	g 25	g 30	g 40	g 40
	Pane	patata	g 30	g 50	g 100	g 80
	Frutta	olive	g 5	g 10	g 15	g 20
		pangrattato e timo	q. b.	q. b.	q. b.	q. b.
		Finocchi	g 50	g 100	g 130	g 150
		Pane	g 20	g 30	g 30	g 40
		Frutta	g 100	g 150	g 200	g 200
		Olio EVO	g 18	g 18	g 20	g 18
V6	Passato di verdura con crostini	**Verdura mista**	g 40	g 40	g 100	g 100
	Crocchette di lenticchie	patate	g 40	g 40	g 70	g 70
	Patate al forno	cavolfiore	g 25	g 25	g 25	g 25
	Pane	piselli	g 10	g 10	g 20	g 20
	Frutta	pane per crostini	//	g 20	g 30	g 20
		Lenticchie secche	g 30	g 30	g 40	g 40
		patate	q. b.	q. b.	q. b.	q. b.
		olive, pangrattato e timo	q. b.	q. b.	q. b.	q. b.
		Patate	g 100	g 100	q. b.	q. b.
		Pane	g 25	g 25	g 120	g 130
		Frutta	g 100	g 100	g 40	g 50
		Olio EVO	g 17	g 17	g 20	g 22
	Risotto alle verdure	**Riso**	g 35	g 50	g 70	g 80
	Piselli al prezzemolo	brodo vegetale	q. b.	q. b.	q. b.	q. b.

	Finocchi	verdura	g 50	g 50	g 50	g 50
	Pane	**Piselli**	g 60	g 80	g 100	g 130
	Frutta	prezzemolo	q.b.	q.b.	q.b.	q.b.
V7		scalogno, aromi	q.b.	q.b.	q.b.	q.b.
		Finocchi	g 50	g 100	g 130	g 150
		Pane	g 40	g 40	g 50	g 55
		Frutta	g 150	g 150	g 200	g 200
		Olio EVO	g 18	g 18	g 25	g 27
	Riso e prezzemolo	**Riso**	g 40			
	Lenticchie e carote	brodo vegetale	q. b.			
	Pane	prezzemolo	q. b.			
V8	Frutta	**Lenticchie secche**	g 30			
		carote	g 40			
		Frutta	g 100			
		Pane	g 20			
		Olio EVO	g 20			
	Pasta saporita con quadretti di tofu	**Pasta**	g 50	g 50	g 50	g 50
	Fagiolini	pomodoro	g 30	g 40	g 50	g 60
	Pane	tofu	g 30	g 40	g 50	g 50
V9	Frutta	olive		g 10	g 15	g 15
		prezzemolo e capperi	q. b.	q. b.	q. b.	q. b.
		sale, pepe, aromi	q. b.	q. b.	q. b.	q. b.
		Fagiolini	g 80	g 100	g 130	g 150
		Pane	g 40	g 40	g 50	g 60
		Frutta	g 100	g 150	g 200	g 200
		Olio EVO	g 7	g 9	g 13	g 15
	Pasta al pomodoro	**Pasta**		g 50	g 70	g 80

	Humus di ceci	pomodoro			g 50	g 50	g 50
	Insalata mista	**Ceci secchi**			g 30	g 40	g 40
	Pane	Prezzemolo e limone			q. b.	q. b.	q. b.
V10	Frutta	Aglio			q. b.	q. b.	q. b.
		Insalata mista			g 50	g 70	g 70
		Pane			g 30	g 40	g 40
		Frutta			g 150	g 200	g 200
		Olio EVO			g 15	g 22	g 24
	Farrotto allo zafferano	**Farro decorticato**			g 50	g 70	g 80
	Paté di cannellini e piselli	cipolla			q. b.	q. b.	q. b.
	Cavolfiore	brodo vegetale			q. b.	q. b.	q. b.
V11	Pane integrale	zafferano			q. b.	q. b.	q. b.
	Frutta	**Cannellini secchi**			g 15	g 20	g 20
		piselli secchi			g 15	g 20	g 20
		Cavolfiore			g 100	g 120	g 120
		Pane integrale			g 50	g 60	g 60
		Frutta			g 150	g 200	g 200
		Olio EVO			g 18	g 26	g 30
	Passato di verdura con crostini	**Patate**			g 40	g 50	g 60
	Farinata di ceci con verdura	piselli			g 20	g 30	g 40
	Patate al forno	carote			g 30	g 40	g 40
V12	Pane	sedano			g 20	g 20	g 20
	Frutta	cipolle			g 20	g 25	g 20
		cavolfiore			g 20	g 25	g 30
		pane per crostini			g 20	g 25	g 25
		Farina di ceci			g 30	g 40	g 40
		verdura			g 30	g 40	g 40
		cipolla, pepe e sale			q. b.	q. b.	q. b.
		Patate			g 100	g 120	g 130

				g 150	g 200	g 200
		Frutta		g 150	g 200	g 200
		Pane		g 30	g 45	g 50
		Olio EVO		g 17	g 24	g 26
V13	Lasagne vegetariane (con legumi)	**Pasta**		g 50	g 80	g 80
	Fagiolini	farina		g 8	g 10	g 10
	Pane	piselli		g 30	g 50	g 40
	Frutta	latte di soia		g 40	g 50	g 50
		pelati		g 50	g 60	g 60
		sedano, cipolle, carote, aromi		g 50	g 50	g 50
		Fagiolini		g 100	g 140	g 200
		Pane		g 35	g 50	g 30
		Frutta		g 150	g 200	g 200
		Olio EVO		g 16	g 22	g 23
V14	Piadina integrale con hummus di cannellini	**Farina integrale**		g 50	g 60	g 80
	Lattuga	acqua		g 30	g 35	g 40
	Pane	sale		q. b.	q. b.	q. b.
	Frutta	**Cannellini**		g 30	g 40	g 40
		limone		q. b.	q. b.	q. b.
		cipolle		q. b.	q. b.	q. b.
		pomodorini		g 20	g 25	g 25
		prezzemolo		q. b.	q. b.	q. b.
		Lattuga		g 70	g 80	g 100
		Frutta		g 150	g 200	g 200
		Pane		g 50	g 70	g 80
		Olio EVO		g 15	g 17	g 17
	Pasta di mais al pomodoro	**Pasta di mais**		g 50	g 60	g 70
	Hamburger di lenticchie	pelati		g 50	g 100	g 100

	Zucchine	cipolla e aromi		q. b.	q. b.	q. b.
	Pane integrale	**Lenticchie**		g 30	g 40	g 50
	Frutta	verdura		g 50	g 50	g 50
V15		patata		g 50	g 100	g 100
		sale, pepe, aromi		q. b.	q. b.	q. b.
		Zucchine		g 80	g 100	g 100
		Pane integrale		g 20	g 30	g 35
		Frutta		g 150	g 200	g 200
		Olio EVO		g 15	g 20	g 25
	Passato di verdura con Crostini	**Patate**		g 40	g 50	g 60
	Crepes di ceci con ripieno di verdure	piselli		g 20	g 30	g 40
	Patate al forno	carote		g 30	g 40	g 40
	Pane	sedano		g 20	g 20	g 20
V16	Frutta	cipolle		g 20	g 25	g 30
		cavolfiore		g 20	g 25	g 30
		pane per crostini		g 30	g 40	g 40
		Farina di ceci		g 30	g 40	g 40
		pomodorini e lattuga		q. b.	q. b.	q. b.
		Patate		g 100	g 120	g 130
		Frutta		g 150	g 200	g 50
		Pane		g 30	g 45	g 200
		Olio EVO		g 17	g 22	g 26
	Gnocchi di ceci al pomodoro	**Farina di ceci**		g 40	g 50	g 55
	Patate e fagiolini al forno	farina bianca		g 25	g 30	g 35
V17	Pane	acqua		q. b.	q. b.	q. b.
	Frutta	pelati		q. b.	q. b.	q. b.
		Patate		g 80	g 100	g 120
		Fagiolini		g 100	g 100	g 150

		Frutta		g 150	g 200	g 200
		Pane		g 30	g 50	g 55
		Olio EVO		g 13	g 18	g 18
V18	Risotto con carciofi	**Riso**	g 35	g 50	g 60	g 70
	Borlotti stufati	brodo vegetale	q. b.	q. b.	q. b.	q. b.
	Insalata	carciofi	g 30	g 30	g 40	g 50
	Pane	**Borlotti secchi**	g 30	g 30	g 40	g 40
	Frutta	pomodoro	g 40	g 50	g 50	g 50
		prezzemolo	q.b.	q.b.	q.b.	q.b.
		sale, pepe, aromi	q.b.	q.b.	q.b.	q.b.
		Insalata	g 50	g 70	g 80	g 80
		Pane	g 40	g 40	g 50	g 55
		Frutta	g 150	g 150	g 200	g 200
		Olio EVO	g 18	g 18	g 25	g 27
V19	Risotto giallo	**Riso**	g 40	g 50	g 60	g 70
	Crocchette di lenticchie	zafferano	q. b.	q. b.	q. b.	q. b.
	Finocchi	brodo vegetale	q. b.	q. b.	q. b.	q. b.
	Pane	**Lenticchie secche**	g 30	g 30	g 40	g 40
	Frutta	pangrattato	q. b.	q. b.	q. b.	q. b.
		cipolla, aromi	q. b.	q. b.	q. b.	q. b.
		Finocchi	g 50	g 100	g 120	g 130
		Pane	g 40	g 45	g 55	g 55
		Frutta	g 120	g 150	g 200	g 200
		Olio EVO	g 15	g 19	g 26	g 27
V20	Pasta e fagioli	**Pasta**	g 50	g 50	g 75	g 80
	Carote	pelati	g 50	g 50	g 50	g 50
	Pane	cipolla e aromi	q. b.	q. b.	q. b.	q. b.
	Frutta	Fagioli borlotti secchi		g 30	g 40	g 50
		Carote	g 80	g 100	g 120	g 150

		Pane	g 30	g 35	g 40	g 40
		Frutta	g 100	g 150	g 200	g 200
		Olio EVO	g 15	g 18	g 22	g 22
V21	Farro in salsa di noci	**Farro decorticato**	g 40	g 50	g 75	g 80
	Lenticchie stufate	noci		g 10	g 15	g 15
	Zucchine	brodo vegetale	q. b.	q. b.	q. b.	q. b.
	Pane	latte di soia	g 10	g 15	g 20	g 25
	Frutta	**Lenticchie secche**	g 20	g 30	g 30	g 40
		pomodoro	g 50	g 50	g 50	g 50
		scalogno, aromi	q. b.	q. b.	q. b.	q. b.
		Zucchine	g 80	g 100	g 120	g 130
		Pane integrale	g 30	g 30	g 40	g 40
		Frutta	g 120	g 150	g 200	g 200
		Olio EVO	g 9	g 11	g 13	g 15
V22	Insalata di tofu e patate	**Patate**	g 150	g 200	g 300	g 350
	Lattuga	tofu	g 30	g 50	g 70	g 70
	Pane	prezzemolo e limone	q. b.	q. b.	q. b.	q. b.
	Frutta	**Lattuga**	g 40	g 60	g 80	g 80
		Pane	g 30	g 40	g 60	g 70
		Frutta	g 100	g 150	g 200	g 200
		Olio EVO	g 8	g 10	g 13	g 16
V23	Risotto giallo	**Riso**	g 50	g 50	g 60	g 70
	Insalata di borlotti	brodo vegetale e zafferano	q. b.	q. b.	q. b.	q. b.
	Insalata	**Fagioli borlotti secchi**	g 30	g 30	g 40	g 40
	Pane	prezzemolo	q. b.	q. b.	q. b.	q. b.
	Frutta	cipolla, aromi	q. b.	q. b.	q. b.	q. b.

		Insalata	g 50	g 50	g 70	g 70
		Pane	g 40	g 40	g 60	g 60
		Frutta	g 150	g 150	g 200	g 200
		Olio EVO	g 19	g 19	g 26	g 27
V24	Minestra di riso e patate	Riso	g 30	g 30	g 40	g 40
	Farinata di ceci	patate	g 50	g 50	g 70	g 80
	Zucchine a julienne	brodo vegetale	q. b.	q. b.	q. b.	q. b.
	Pane	Farina di ceci	g 30	g 30	g 40	g 40
	Frutta	erbette	g 50	g 50	g 50	g 50
		cipolla, aromi	q. b.	q. b.	q. b.	q. b.
		Zucchine	g 100	g 100	g 120	g 130
		Pane	g 40	g 40	g 60	g 70
		Frutta	g 150	g 150	g 200	g 200
		Olio EVO	g 16	g 16	g 22	g 24
V25	Cannelloni con tofu e spinaci	Pasta	g 50	g 50	g 70	g 80
	Finocchi	tofu	g 50	g 50	g 60	g 65
	Pane	latte di soia	g 50	g 50	g 610	g 65
	Frutta	farina tipo "0"	g 10	g 10	g 15	g 15
		cipolla, aromi	q. b.	q. b.	g 100	q. b.
		Finocchi	g 100	g 100	g 130	g 150
		Pane	g 40	g 40	g 50	g 50
		Frutta	g 150	g 150	g 200	g 200
		Olio EVO	g 10	g 10	g 15	g 15
	Pasta al basilico	Pasta	g 50	g 50	g 80	g 80

V26	Polpette di miglio e ceci	basilico	q. b.	q. b.	q. b.	q. b.
	Carote a fiammifero	pinoli	q. b.	q. b.	q. b.	q. b.
	Pane	**Ceci secchi**	g 20	g 20	g 30	g 30
	Frutta	miglio	g 10	g 10	g 15	g 15
		pane grattugiato	q. b.	q. b.	q. b.	q. b.
		cipolla, aromi	q. b.	q. b.	q. b.	q. b.
		Carote	g 100	g 100	g 100	g 100
		Pane	g 35	g 35	g 40	g 40
		Frutta	g 150	g 150	g 200	g 200
		Olio EVO	g 17	g 17	g 22	g 24
V27	Pasta al pomodoro	**Pasta**	g 50	g 50	g 70	g 80
	Quadretti di cicerchia	pomodoro	g 40	g 40	g 50	g 60
	Lattuga	**Cicerchia secca**	g 30	g 30	g 40	g 40
	Pane	pane grattugiato	q. b.	q. b.	q. b.	q. b.
	Frutta	cipolla, aromi	q. b.	q. b.	q. b.	q. b.
		Lattuga	g 70	g 70	g 100	g 100
		Pane	g 35	g 35	g 40	g 40
		Frutta	g 150	g 150	g 200	g 200
		Olio EVO	g 14	g 14	g 23	g 24
V28	Orzotto estivo	**Orzo perlato**	g 60	g 60	g 80	g 85
	Spinaci e patate	verdura mista	g 70	g 70	g 80	g 80
	Pane	piselli	g 80	g 80	g 80	g 80
	Frutta	prezzemolo	q. b.	q. b.	q. b.	q. b.
		scalogno, aromi	q. b.	q. b.	q. b.	q. b.
		Spinaci	g 100	g 100	g 130	g 150
		patate	g 50	g 50	g 55	g 55
		Pane	g 35	g 35	g 50	g 50

		Frutta	g 150	g 150	g 200	g 200
		Olio EVO	g 16	g 16	g 24	g 26
V29	Minestra di riso e prezzemolo	Riso	g 30	g 30	g 40	g 80
	Farinata di ceci	prezzemolo	q. b.	q. b.	q. b.	g 40
	Finocchi	brodo vegetale	q. b.	q. b.	q. b.	q. b.
	Pane	Farina di ceci	g 40	g 40	g 50	q. b.
	Frutta	erbette	g 50	g 50	g 50	g 50
		cipolla, aromi	q. b.	q. b.	q. b.	g 50
		Finocchi	g 100	g 100	g 120	q. b.
		Pane	g 50	g 50	g 70	g 130
		Frutta	g 150	g 150	g 200	g 80
		Olio EVO	g 17	g 17	g 22	g 200
V30	Insalata di farro e legumi	Farro decorticato	g 50	g 50	g 70	g 75
	Carote	cannellini secchi	g 30	g 30	g 40	g 40
	Pane	prezzemolo	q. b.	q. b.	q. b.	q. b.
	Frutta	scalogno e aromi	q. b.	q. b.	q. b.	q. b.
		Carote	g 80	g 80	g 100	g 120
		Pane	g 150	g 150	g 200	g 200
		Frutta	g 40	g 40	g 60	g 60
		Olio EVO	g 18	g 18	g 22	g 24

Z

ZAPPING

È inutile negarlo: ogni esperienza è a sé. Ogni bambino è a sé, ogni mamma è a sé, ogni famiglia è a sé.

Non possiamo pretendere che esistano delle regole che vadano bene per tutti, delle abitudini che si allineino con le dinamiche e gli equilibri con cui ognuno ha a che fare.

Spesso il confronto con altre mamme e con le esperienze che hanno affrontato può essere risolutivo, altre volte può confondere. Nella maggior parte dei casi però, troviamo sempre qualcuno che ci fa sentire meno sole, meno in difficoltà e che ci rassicura su come proseguire o su che strada prendere.

Per questo concludo questo libro dando voce alle mamme e alla loro esperienza, ai loro problemi, alle difficoltà, alle soluzioni. Ai momenti di crisi o al giusto atteggiamento. Ognuna con la sua chiave di lettura che possa aiutare altre mamme a vivere serenamente una fase importante della crescita del proprio bambino.

Daniela, 33 anni.
Mamma di Camilla e Nicola.
"Per me lo svezzamento è stata una grande soddisfazione: ho iniziato ad abituare i miei piccoli al cucchiaino offrendo loro omogeneizzati di frutta già a quattro mesi così che alle prime pappe fossero già "esperti". Ogni nuovo sapore era una festa per loro! Fortunatamente non ho mai avuto difficoltà nel proporgli nuovi sapori o consistenze perché hanno rifiutato pochissime cose...mai un piatto semi pieno che dovessi finire io! Il mio secondogenito ha solo 16 mesi di distanza dalla prima e devo dire che pur volendo impostare lo

svezzamento alla stessa maniera, ovvero seguendo le tappe di quello tradizionale, in realtà ne è uscito un mix in quanto era troppo curioso verso ciò che mangiava la sorella per negargli la gioia di assaggiare. Bisogna sentirsi liberi di fare ciò che si vuole perché non esiste una regola fissa".

Alice, 34 anni
Mamma di Alessandro e Beatrice.
"Con il primo figlio ho deciso di seguire i consigli della pediatra. A 5 mesi e mezzo ho iniziato con la prima pappa ma proprio non ne voleva sapere. Così ho rimandato di qualche settimana e a 6 mesi è entrata a regime la pappa del mezzogiorno e dopo 1 mese anche quella della sera. Lui la mangiava volentieri ma io iniziavo ad esaurirmi nella preparazione dei vari brodini. Nel frattempo, ho sempre tenuto Alessandro a tavola con noi durante i pasti in modo che potesse vedere i colori e sentire i profumi dei cibi. Lo stimolavo a provare. Il suo primo interesse è stato per l'acqua, poi la frutta. Però mi sono subito accorta che non amava i pezzettini, quindi ho iniziato a proporgli le nostre stesse cose ma frullate. Quando piano piano ha cominciato ad apprezzare i pezzi non ha più voluto mangiare le pappe e da quel momento ha iniziato a mangiare come noi. Gli ho proposto prima la pastina e i cibi che potevo schiacciare. Il tutto è durato un paio di mesi: a 9 mesi non mangiava più le pappe.
Con Beatrice, invece, sono partita con l'idea di provare l'autosvezzamento perché il periodo delle pappe di Alessandro, anche se breve, era stato per me stressante e poi avevo già potuto vedere che il passaggio al cibo solido poteva avvenire in maniera molto naturale. Quando è stato il momento ho iniziato a farle assaggiare verdure e frutta ma non era molto ben disposta. Allora ho invertito l'idea di partenza e ho provato con la classica pappa e la mangiava. Così ho proseguito con una via di mezzo: le preparavo le pappe ma con gli alimenti che mangiavamo noi frullati (ad es. carne, verdura, pasta). In sostanza tendevo a cucinare per noi cose che potesse mangiare anche lei: minestre, creme, vellutate, polenta e le facevo assaggiare i sughi della pasta. Poi intanto ha iniziato a mangiare la pastina e pezzettini sempre più consistenti, quindi la pappa vera e propria è durata un paio di settimane, giusto il tempo di farle capire il passaggio dal latte a cose più solide. Beatrice comunque non aveva la stessa difficoltà di Alessandro nel gestire i pezzi

quindi con lei è stato più facile e veloce. Alla fine mangiava la pastina con il pesto e i sughi uguali a noi, il formaggio e poco altro. Le altre cose in verità non le ha mai amate e nemmeno adesso le mangia volentieri.

Credo comunque che dipenda molto da bambino a bambino: Alessandro è sempre stato un mangione, mangiava le pappe e tutto il resto con gusto e assaggiava veramente tutto. Non amava i pezzi inizialmente ma quando si è abituato a quelli non abbiamo avuto più nessun problema. Beatrice invece molto schizzinosa e difficile nei gusti. La stessa pappa magari un giorno la mangiava e un altro no. Così anche con le verdure, la frutta e tutto il resto. Un giorno le mangia e un altro no. Ad esempio, il mandarino per una settimana sembra che le piaccia tantissimo e la settimana dopo lo rifiuta. Inoltre, Alessandro già a 1 anno mangiava da solo. Beatrice ancora adesso che ha quasi 2 anni, anche se è capace di mangiare da sola, devo aiutarla altrimenti si perde a giocare nel piatto".

Catia, 37 anni
Mamma di Alessandro.
"Autosvezzamento, il consiglio migliore di un pediatra. Ho seguito la linea di autosvezzamento del mio pediatra privato, mentre la pediatra dell'Asl mi proiettava verso lo svezzamento tradizionale. Alessandro era comunque uno che mangiava di gusto, quindi non avevo problemi. Sono partita con una verdura nuova alla volta o un frutto nuovo alla volta, come consigliato per tenere controllate eventuali reazioni particolari: a 6 mesi Alessandro mangiava la pastina e il pane. Era comico. Le pappe e le creme non le ha mai volute, credo per questione di gusto personale, perché ancora oggi cibi come lo yogurt non li mangia volentieri; ha sempre preferito sentire qualcosa di solido sotto le gengive: sgranocchiava il pane con gli unici 2 dentini che aveva, gli altri sono arrivati dopo i 10 mesi, quando ormai mangiava già qualunque cosa. Non ho mai aspettato che avesse un tot di mesi per introdurre un cibo. Sono veramente stata soddisfatta e contenta di aver seguito il suggerimento del giusto pediatra".

Sonia, 34 anni
Mamma di Tommaso e Nicolò.
"Nicolò è nato 27 mesi dopo Tommaso.

Argomento svezzamento? Posso dire di aver provato di tutto un po' e soprattutto che quello che è andato bene per Tommaso è stato un disastro per Nicolò e viceversa.

Ho avuto due maschi quindi pensavo che non avrei avuto la possibilità di vivere esperienze diverse e invece altroché, perché sono completamente diversi. A partire dalla fisicità: Tommaso sempre ai punti più bassi dei percentili di crescita, Nicolò in perfetta media statistica. Caratteri opposti: Tommaso preciso, ordinato, pensatore, attento e coccolone. Nicolò solare, istintivo, autonomo e deciso. E naturalmente anche il loro rapporto col cibo è completamente differente, ma anche il mio approccio al momento dello svezzamento è stato diverso.

Nel primo caso l'ho vissuto come un distacco che non ero pronta ad affrontare. Dopo le prime settimane di allattamento sofferto finalmente avevamo preso i nostri ritmi e, anche se non sono mai stata particolarmente amante del rito dell'allattamento, nel momento in cui mi sono resa conto che era arrivato il tempo di non essere più l'unica forte di nutrimento per il mio bambino, che quel gesto tanto sofferto ma anche tanto intimo stava per terminare, un po' di malinconia l'ho provata e il dubbio che tutto quello che gli davo sotto forma di cibo non fosse sufficiente c'è stato, ma credo fosse più la voglia di credere ancora per un po' che il mio bimbo avesse ancora bisogno della sua mamma per crescere.

Con Nicolò invece sotto questo aspetto è stata tutta un'altra storia. Con lui il seno lo stavamo già per abbandonare. Lui ha da sempre preferito il biberon e non appena ha potuto ha voluto continuare solo con quello e anche io non ho voluto insistere troppo convinta che Tommaso rifiutasse il latte vaccino perché l'avevo allattato troppo. Forse per il mio approccio completamente diverso e forse per i caratteri opposti dei due bimbi sta di fatto che quello che ho fatto col primo per il secondo non ha funzionato mentre quello che con il primo avevo scartato è andato benissimo dopo.

Con Tommy ho cominciato con quello che il mio pediatra mi ha presentato come "divezzamento", con l'orientamento al gusto. Quindi proponendo sempre primo, secondo e contorno ad ogni pasto e mai unire più di due gusti contemporaneamente. Quindi, ad esempio facendo crema di riso come prima portata, carne cotta al vapore e sminuzzata con purè di patate per secondo. Tutto ben separato e distinto per fargli assaporare i vari gusti. Naturalmente tutti prodotti di prima qualità. Niente baby food o industriale. E senza limiti di varietà. Tenevo un diario con il menu proposto per non rischiare di dargli troppe proteine o carboidrati. Ricordo una frase sentita in uno dei corsi sullo svezzamento a cui avevo partecipato: "non c'è NIENTE che non si può dare ad un bambino. Naturalmente nelle giuste quantità". Questo NIENTE mi aveva tranquillizzata molto e mi aveva tolto molti dubbi sul posso/non posso. Non appena poi il bambino ha cominciato ad avere maggiore capacità di masticazione l'ho subito abituato a mangiare come noi. Stesse cose, quantità diverse. Lui ha sempre mostrato attrazione e curiosità per il cibo. Mangiava di tutto. Mai grosse quantità ma di tutto.

Con Nico invece le più portate non sono mai state apprezzate. Ha cominciato col divorare le "pappone" tanto criticate la prima volta con dentro di tutto senza un sapore preciso e dal colore verdastro o marroncino. Niente di invitante. Ma a lui così piaceva. Il suo piatto preferito era "pappa pronta completa verdure pastina e pollo" (cosa che con il primo figlio neppure conoscevo). Io andavo nei negozi più cari a prendere i prodotti di prima qualità, km 0, lavavo bollivo tritavo e niente, lui adorava il baby food. Ma anche in questo caso, il passaggio dal preparare dei pasti solo per lui a condividere la tavola è stato breve. Brevissimo. Forse in entrambi i casi ha aiutato il fatto che hanno sempre mangiato a tavola, insieme a noi. Niente distrazioni, solo noi e il momento del pasto.

Oggi sono perfettamente "svezzati" ognuno coi propri gusti. Uno felice solo se mangia verdura e frutta, l'altro adora dolci e schifezze varie. Entrambi grandi mangiatori di pastasciutta (come tutto il resto della famiglia). Carne abbastanza e pesce poco. Latte entrambi, da qualche mese anche Tommy (quindi le mie paure di averlo allattato per troppo tempo sono risultate assolutamente errate!!!)".

Silvia, 34 anni
Mamma di Sofia e Greta.
"Premessa imprescindibile: ho due bimbe, Sofia di 3 anni e mezzo e Greta di 18 mesi, con due caratteri totalmente opposti. Con Sofia, prima esperienza, ho vissuto in un mondo "alla lettera" per la paura di sbagliare. Laddove le

ostetriche del consultorio consigliavano o la pediatra indicava io mi attenevo, non dico scrupolosamente perché il buon senso l'ho sempre mantenuto, ma diciamo che il livello di aderenza è sempre stato molto elevato. Sullo svezzamento però avevo suggerimenti contrastanti. Alla fine ha vinto la possibilità di avere tutto sotto controllo. Sofia ha iniziato le classiche pappe al termine del 5° mese, prima la pappa a pranzo poi la pappa anche a cena, prima le pappe senza glutine e poi le abbiamo introdotte tutte. Non posso dire che sia andata male, anzi, Sofia è una pacifica dormigliona a cui non interessava molto il cibo (quasi nemmeno il latte materno) e portare avanti lo svezzamento classico mi (r)assicurava, potendo misurare, quanto dovesse mangiare. Quando è arrivata Greta ero appena uscita da uno svezzamento e non mi ho indagato modalità differenti. Se non che Greta, e non la mamma, ha deciso diversamente. Allo scoccare del 6° mese abbiamo iniziato lo svezzamento classico: lei mangiava un attimo prima di noi in modo che potessi dedicarmi esclusivamente a lei, almeno all'inizio, ma piano piano il risultato è stato che Greta mangiava la sua pappa e in più assaggiava quello che mangiavano la sorellina, papà e mamma. Nel giro di poche settimane Greta faceva doppio pranzo e doppia cena. Complice il poco tempo, il dolce peso di Greta, l'esperienza precedente (crescono anche se non si abbuffano! se si ha fame si mangia, non bisogna obbligare!) ma soprattutto la soddisfazione di mia figlia dopo aver mangiato (e non assaggiato) i pizzoccheri a 6 mesi di vita, abbiamo convenuto per metterla a tavola insieme a noi mangiando esattamente quello che proponeva il menu di casa. Chiaramente abbiamo adattato e rispettato alcune regole comuni a qualsiasi tipo di svezzamento, come ad esempio evitare di salare eccessivamente l'acqua di cottura, e altri accorgimenti simili. Oltre ai pizzoccheri, Greta ha assaggiato e continua a mangiare tutto senza discriminazione: verdure di stagione, carne e pesce, formaggi vari, uova, pasta, riso e cereali. C'è una cosa che però non le è mai piaciuta, mischiare tanto le diverse pietanze, le piace di più tenere ogni sapore separato. Forse lo svezzamento classico non le sarebbe in fondo in fondo piaciuto.

Non mi sento di stabilire cosa sia meglio, io ho avuto due esperienze di svezzamento diverso con due bimbe aventi inclinazioni diverse. Non credo esista una risposta giusta, posso però testimoniare il fatto che non cambierei nulla di quello che ho fatto. Entrambe le modalità di svezzamento sono valide alternative, credo che valga la pena seguire la propria predisposizione che può cambiare in ogni fase della genitorialità. Un genitore che si sente a suo agio cresce un bimbo sereno. Alla mia prima maternità, inesperta, con una bimba che mangiava quasi per fare un piacere a noi, mi sono sentita più serena nel seguire uno svezzamento controllato, alla seconda invece la scelta più serena è stata quella di seguire l'istinto di Greta, ed è stato uno svezzamento decisamente per noi genitori molto meno impegnativo e più creativo. Certamente non nego che ci sono stati alcuni spaventi per deglutizione difficoltosa ma sinceramente abbiamo avuto le stesse esperienze anche con lo svezzamento classico. Tutto dipende dalla voracità del bambino verso il cibo, dalle situazioni e dalla prontezza dell'adulto che assiste il bambino. Questo può succedere sempre.

Ad oggi posso proprio dire che abbiamo svezzato con successo due pupotte totalmente diverse: la dolce e pacata Sofia alla chiamata "è pronto da mangiare" a volte mi risponde "ma io ho già mangiato a pranzo!". Mentre Greta, la selvaggia, che da quando ha iniziato l'auto svezzamento usa le posate da sola, non vuole che nessuno la aiuti per nessun motivo, nemmeno con 39 di febbre, quando mi vede in cucina a qualsiasi ora si siede a tavola da sola (ha abbandonato il seggiolone dopo l'anno circa) e chiede con voce insistente "quando è pronto?!". Eppure sono cresciute entrambe, e sono al 75° percentile di altezza e peso".

Valentina, 34 anni
Mamma di Ludovica.
"Ho iniziato a informarmi sullo svezzamento quando la mia bambina aveva pochi mesi. Già da prima che nascesse avevo scoperto, tramite uno spazio dedicato alle mamme della mia città, che prima dei 6 mesi recenti studi raccomandano di dare solo latte e che era possibile scegliere una strada diversa dalle solite pappe: l'autosvezzamento. Mi sono incuriosita e ho deciso di approfondire leggendo libri, articoli sul web, chiedendo a mamme con bimbi più grandi e partecipando a un incontro sul tema tenuto da un'ostetrica. Ho potuto scoprire che i bambini sanno autoregolarsi con il cibo, che le pappe erano nate per quando si svezzava troppo presto e che dopo i sei mesi si può praticamente dare tutto secondo il vero e proprio autosvezzamento. Ma che questa strada avrebbe fatto sì che il bambino imparasse a mangiare un po' per volta e questo mi spaventava, tenendo conto che a 7 mesi la mia bambina avrebbe iniziato l'asilo nido. Inoltre, avevo trovato notizie discordanti

riguardo l'introduzione dei cibi: tutto da subito? Oppure per i cibi proteici meglio aspettare gli otto mesi? Latte vaccino e derivati dopo l'anno o anche prima? L'altra mia paura era data anche dalla consapevolezza che io e mio marito non mangiassimo proprio sanissimo. Allora mi sono decisa in primis a rivolgermi a una dietista, per avere idea di come abbinare gli alimenti e sulle porzioni sia da adulto che da bambino. Ho deciso di attenermi a questi consigli per il resto: legumi, carne e pesce dopo gli otto mesi, latte vaccino e derivati dopo l'anno, proteine una volta al giorno, sempre fino all'anno di vita. Nonostante avessimo partecipato al corso di disostruzione pediatrica, io e mio marito non eravamo tranquilli a darle dei pezzi troppo grossi…perciò sì a riso, cous cous, quinoa, grano saraceno, ma verdura, frutta, carne, pesce e tutto il resto frullato o sminuzzato. Ora Ludovica ha quasi un anno, mangia praticamente di tutto e le piace usare le mani per far da sola, ma nemmeno disdegna essere imboccata. Come per l'allattamento a richiesta, ci siamo fidati del nostro istinto, di lei e di esperti, costruendoci la nostra personalissima strada dello svezzamento. Sta avvenendo tutto in modo tranquillo e naturale, con il vantaggio che anche noi adulti abbiamo imparato a mangiare in modo più sano".

Sperando di aver chiarito qualche dubbio, di aver risposto alle tante domande e di averti aiutato a vivere con più serenità la fase dello svezzamento, in chiusura, se ti va, mi piacerebbe poter leggere una tua recensione su Amazon, per migliorare il testo, completarlo, approfondire passaggi che forse ho dato per scontato, oltre che per aiutare altre mamme a capire se questo libro possa fare al caso loro

Un caro saluto.

APPENDICE

In questa appendice vengono inserite alcune schede aggiuntive rispetto a quanto previsto all'interno del volume.

Non sono inseriti argomenti nuovi ma menu/schemi/tabelle/informazioni che aiutano a completare il quadro complessivo sul tema svezzamento e alimentazione.

TABELLE CURVE DI CRESCITA (Fonte: Organizzazione Mondiale della Sanità)

1a. TABELLA DEL PESO (0-5 anni)

Femmine

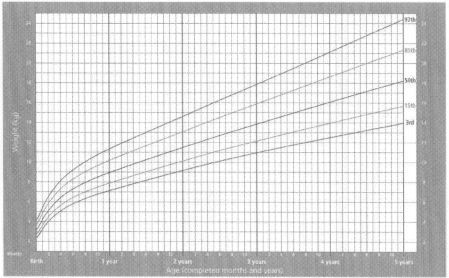

Maschi

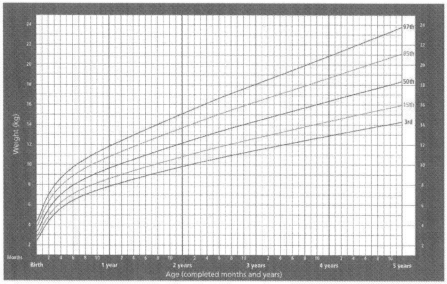

1b. TABELLA DEL PESO (5-10 anni)

Femmine

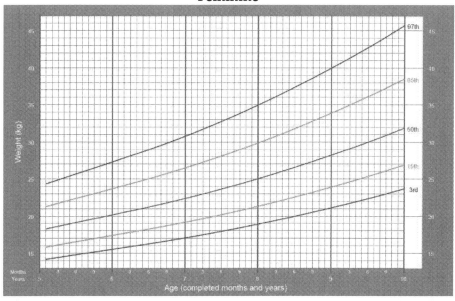

Maschi

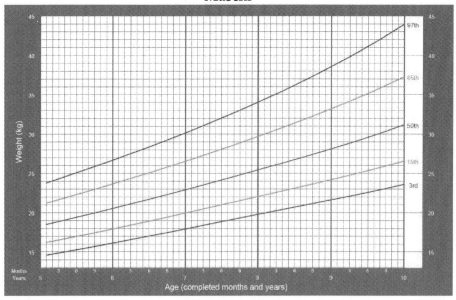

2a. TABELLA DELL'ALTEZZA (0-5 anni)

Femmine

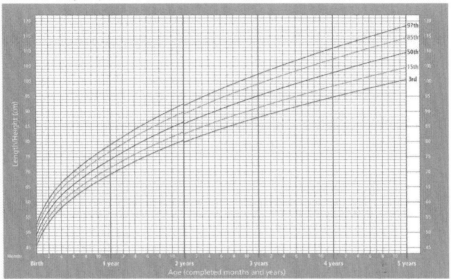

Maschi

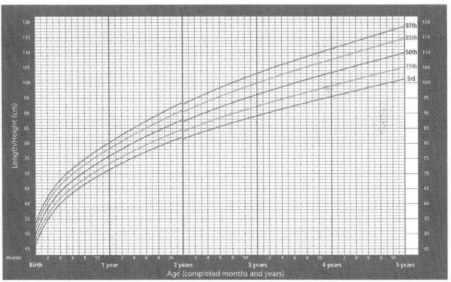

2b. TABELLA DELL'ALTEZZA (5-19 anni)

Femmine

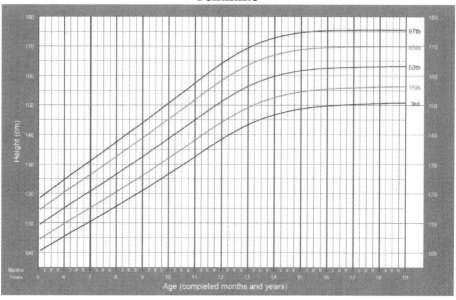

Maschi

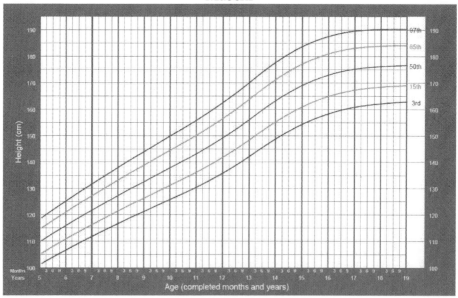

3a. INDICE DI MASSA CORPOREA (0-5 anni)

Femmine

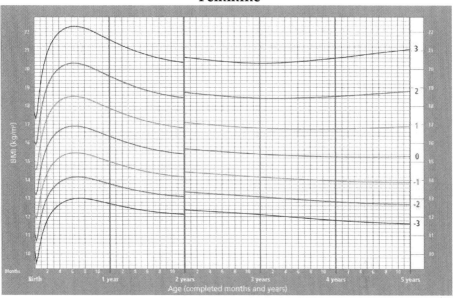

Maschi

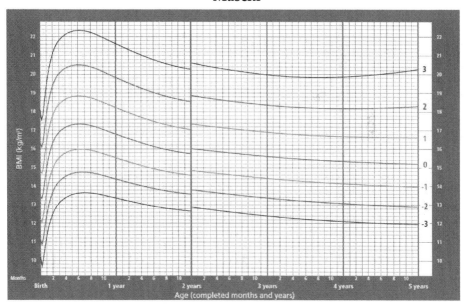

3b. INDICE DI MASSA CORPOREA (5-19 anni)

Femmine

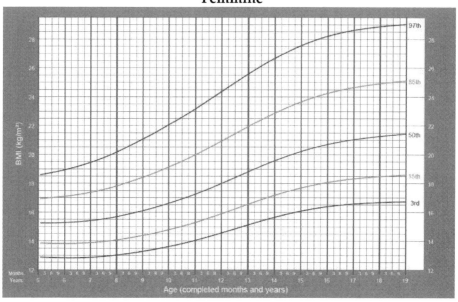

Maschi

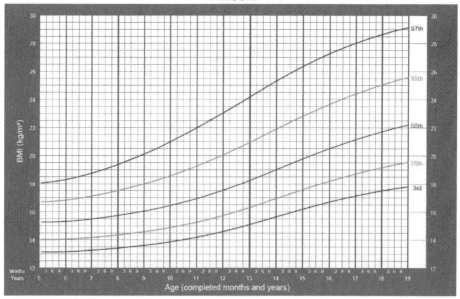

ESEMPIO DI MENU ESTIVO/INVERNALE PER ASILO NIDO 4/12 mesi
(fonte Milano Ristorazione S.p.A.)

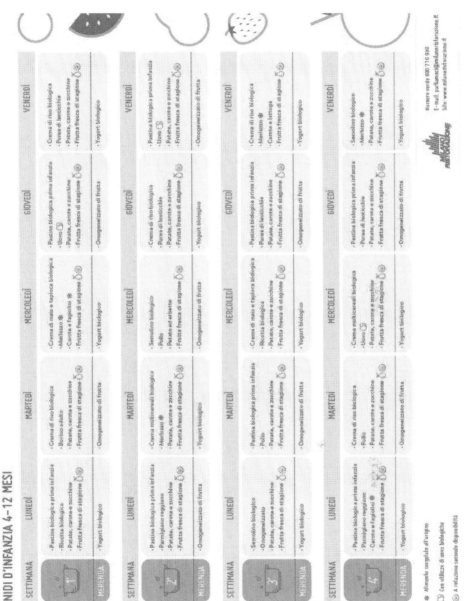

NIDI D'INFANZIA 4-12 MESI

Inizio 4^ settimana   Validità: dal 22/10/2018

SETTIMANA 1

	LUNEDÌ	MARTEDÌ	MERCOLEDÌ	GIOVEDÌ	VENERDÌ
Pasto	• Pastina biologica prima infanzia • Omogeneizzato • Patate, carote e zucchine Ⓡ • Frutta fresca di stagione Ⓡ	• Crema di riso biologica • Platessa* • Patate, carote e zucchine Ⓡ • Frutta fresca di stagione Ⓡ	• Crema di mais e tapioca biologica • Purea di lenticchie • Patate, carote e zucchine Ⓡ • Frutta fresca di stagione Ⓡ	• Pastina biologica prima infanzia • Pollo • Patate, carote e zucchine Ⓡ • Frutta fresca di stagione Ⓡ	• Semolino biologico • Merluzzo* • Carote e fagiolini* • Frutta fresca di stagione Ⓡ
MERENDA	• Yogurt biologico	• Omogeneizzato di frutta	• Yogurt biologico	• Omogeneizzato di frutta	• Yogurt biologico

SETTIMANA 2

	LUNEDÌ	MARTEDÌ	MERCOLEDÌ	GIOVEDÌ	VENERDÌ
Pasto	• Crema di riso biologica • Parmigiano reggiano • Carote e lattuga • Frutta fresca di stagione Ⓡ	• Crema multicereali biologica • Merluzzo* • Patate, carote e zucchine Ⓡ • Frutta fresca di stagione Ⓡ	• Semolino biologico • Bovino adulto • Patate, carote e zucchine Ⓡ • Frutta fresca di stagione Ⓡ	• Crema di mais e tapioca biologica • Purea di lenticchie • Patate, carote e zucchine Ⓡ • Frutta fresca di stagione Ⓡ	• Pastina biologica prima infanzia • Uovo biologico • Carote e fagiolini* • Frutta fresca di stagione Ⓡ
MERENDA	• Omogeneizzato di frutta	• Yogurt biologico	• Omogeneizzato di frutta	• Yogurt biologico	• Omogeneizzato di frutta

SETTIMANA 3

	LUNEDÌ	MARTEDÌ	MERCOLEDÌ	GIOVEDÌ	VENERDÌ
Pasto	• Crema di riso biologica • Parmigiano reggiano • Patate, carote e zucchine Ⓡ • Frutta fresca di stagione Ⓡ	• Crema multicereali biologica • Merluzzo* • Patate, carote e zucchine Ⓡ • Frutta fresca di stagione Ⓡ	• Crema di mais e tapioca biologica • Bovino adulto • Patate, carote e zucchine Ⓡ • Frutta fresca di stagione Ⓡ	• Semolino biologico • Uovo biologico • Carote e zucca • Frutta fresca di stagione Ⓡ	• Pastina biologica prima infanzia • Purea di lenticchie • Patate, carote e zucchine Ⓡ • Frutta fresca di stagione Ⓡ
MERENDA	• Omogeneizzato di frutta	• Yogurt biologico	• Omogeneizzato di frutta	• Yogurt biologico	• Omogeneizzato di frutta

SETTIMANA 4

	LUNEDÌ	MARTEDÌ	MERCOLEDÌ	GIOVEDÌ	VENERDÌ
Pasto	• Pastina biologica prima infanzia • Uovo biologico • Patate, carote e zucchine Ⓡ • Frutta fresca di stagione Ⓡ	• Semolino biologico • Merluzzo* • Patate, carote e zucchine Ⓡ • Frutta fresca di stagione Ⓡ	• Crema di riso biologica • Ricotta biologica • Patate, carote e zucchine Ⓡ • Frutta fresca di stagione Ⓡ	• Crema multicereali biologica • Fesa di tacchino • Patate, carote e zucchine Ⓡ • Frutta fresca di stagione Ⓡ	• Pastina biologica prima infanzia • Purea di lenticchie • Patate ed erbetta* • Frutta fresca di stagione Ⓡ
MERENDA	• Yogurt biologico	• Omogeneizzato di frutta	• Yogurt biologico	• Omogeneizzato di frutta	• Yogurt biologico

❄ Alimento surgelato all'origine
Ⓡ A rotazione secondo disponibilità

Dietrutta biologica, salvo eventuali indisponibilità di mercato.

* Per i nidi senza cucina interna la frutta fresca di stagione prevista al pasto sarà sostituita con omogeneizzato di frutta.
Per la preparazione del pasto viene utilizzato esclusivamente olio extravergine di oliva biologico, non è prevista l'aggiunta di sale. Il menù è da intendersi indicativo: il pasto sarà composto sulla base delle indicazioni riportate nello Schema dietetico per svezzamento dei 4 ai 12 mesi.

Numero verde 800 710 980
E-mail: parliamoci@milanoristorazione.it
Sito: www.milanoristorazione.it

MILANO RISTORAZIONE

MENÙ*INVERNO

ESEMPIO DI MENU ESTIVO/INVERNALE PER ASILO NIDO 12/36 mesi
(fonte Milano Ristorazione S.p.A.)

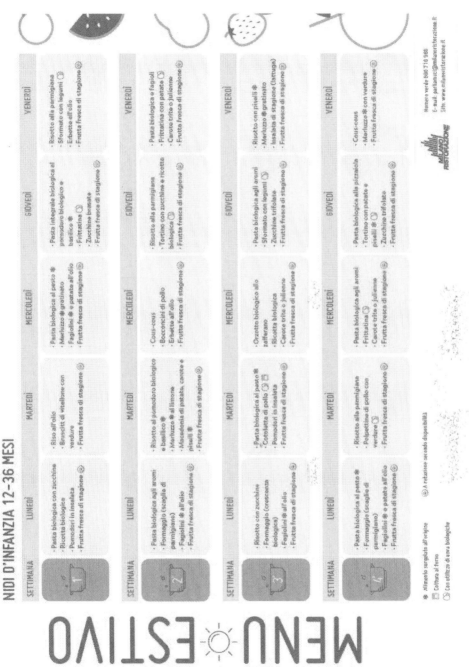

MENÙ ESTIVO

MERENDA
NIDI D'INFANZIA 12-36 MESI

SETTIMANA	LUNEDÌ	MARTEDÌ	MERCOLEDÌ	GIOVEDÌ	VENERDÌ
1	Torta alle mele	Yogurt biologico	Polpa di frutta e biscotti	Latte e biscotti	Focaccia
2	Torta alle mele	Yogurt biologico	Focaccia	Latte e biscotti	Yogurt biologico
3	Polpa di frutta e biscotti	Focaccia	Latte e biscotti	Torta alle mele	Yogurt biologico
4	Torta alle mele	Latte e biscotti	Yogurt biologico	Polpa di frutta e biscotti	Focaccia

Con utilizzo di uova biologiche

Numero verde 800 710 980
E-mail: parliamoci@milanoristorazione.it
Sito: www.milanoristorazione.it

milanoristorazione

NIDI D'INFANZIA 12–36 MESI

MENÙ ❄ INVERNO

SETTIMANA	LUNEDÌ	MARTEDÌ	MERCOLEDÌ	GIOVEDÌ	VENERDÌ
1	· Pasta biologica gratinata · Zucchine trifolate · Frutta fresca di stagione ◉	· Risotto con zucchine · Platessa * alla maionese 🔲 · Purè di patate · Frutta fresca di stagione ◉	· Pasta biologica al pesto * · Sformato con legumi * ⟳ 🔲 · Spinaci * all'olio · Frutta fresca di stagione ◉	· Passato di verdura con riso · Pollo al forno · Carote brasate · Frutta fresca di stagione ◉	· Pasta integrale biologica alla pizzaiola · Merluzzo * gratinato · Fagiolini * all'olio · Frutta fresca di stagione ◉
2	· Risotto con zucca · Formaggio mozzarella · Insalata di stagione lattuga · Frutta fresca di stagione ◉	· Pasta biologica al pomodoro biologico e basilico * · Merluzzo * al limone · Fagiolini * e patate all'olio · Frutta fresca di stagione ◉	· Polenta biologica · Brasato di vitellone con verdure · Frutta fresca di stagione ◉	· Pasta biologica agli aromi · Lenticchie in umido con pomodoro biologico · Zucchine trifolate · Frutta fresca di stagione ◉	· Passato di verdure con farro biologico · Frittatina con erbette * ⟳ 🔲 · Fagiolini * all'olio · Frutta fresca di stagione ◉
3	· Risotto al pomodoro biologico e basilico * · Formaggio scaglie di parmigiano · Finocchi gratinati · Frutta fresca di stagione ◉	· Minestra d'orzo biologico · Merluzzo * al pomodoro biologico · Zucchine trifolate · Frutta fresca di stagione ◉	· Pasta biologica al ragù di vitellone · Macedonia di patate, carote e piselli * · Frutta fresca di stagione ◉	· Risotto alla parmigiana · Frittatina con spinaci * ⟳ 🔲 · Purè di zucca · Frutta fresca di stagione ◉	· Pastina biologica in brodo con verdure · Sformato con legumi * ⟳ 🔲 · Carote trito o julienne · Frutta fresca di stagione ◉
4	· Pasta biologica al pomodoro biologico e basilico * · Frittatina ⟳ 🔲 · Fagiolini * all'olio · Frutta fresca di stagione ◉	· Crema di cannellini con pasta biologica · Merluzzo * gratinato · Zucchine trifolate · Frutta fresca di stagione ◉	· Risotto allo zafferano · Ricotta biologica · Carote trito o julienne · Frutta fresca di stagione ◉	· Polenta biologica · Bocconcini di tacchino con verdure · Frutta fresca di stagione ◉	· Pasta biologica agli aromi · Tortino con patate e piselli * ⟳ 🔲 · Erbetta * all'olio · Frutta fresca di stagione ◉

* Alimento surgelato all'origine ⟳ Con utilizzo di uova biologiche ◉ A rotazione secondo disponibilità
🔲 Cottura al forno

Numero verde 800 710 900
E-mail: parliamoci@milanoristorazione.it
Sito: www.milanoristorazione.it
MILANO RISTORAZIONE

MERENDA NIDI D'INFANZIA 12-36 MESI

MENÙ ❄ INVERNO

SETTIMANA	LUNEDÌ	MARTEDÌ	MERCOLEDÌ	GIOVEDÌ	VENERDÌ
1	• Torta alle mele ☺	• Yogurt biologico	• Polpa di frutta e biscotti	• Focaccia	• Yogurt biologico
2	• Torta alle mele ☺	• Yogurt biologico	• Polpa di frutta e biscotti	• Latte e biscotti	• Focaccia
3	• Torta alle mele ☺	• Yogurt biologico	• Polpa di frutta e biscotti	• Focaccia	• Yogurt biologico
4	• Polpa di frutta e biscotti	• Yogurt biologico	• Latte e biscotti	• Torta alle mele ☺	• Focaccia

☺ Con utilizzo di uova biologiche

Numero verde 800 710 980
E-mail: parliamoci@milanoristorazione.it
Sito: www.milanoristorazione.it

MILANO RISTORAZIONE

ESEMPIO DI MENU ESTIVO/INVERNALE PER SCUOLA DELL'INFANZIA/PRIMARIA/SECONDARIA DI I GRADO

(fonte Milano Ristorazione S.p.A.)

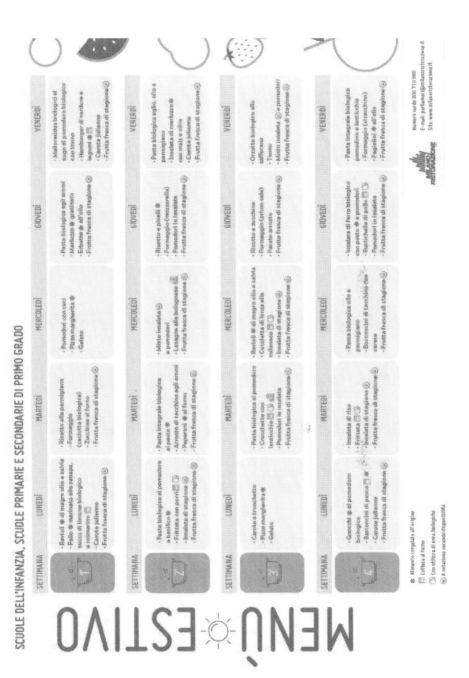

MENÙ ☀ ESTIVO

MERENDA

SCUOLE DELL'INFANZIA, SCUOLE PRIMARIE E SECONDARIE DI PRIMO GRADO

SETTIMANA	LUNEDÌ	MARTEDÌ	MERCOLEDÌ	GIOVEDÌ	VENERDÌ
1	Yogurt biologico	Torta alle mele ⊙	Pane e marmellata	Yogurt biologico	Focaccia
2	Yogurt biologico	Pane e marmellata	Focaccia	Torta allo yogurt biologico ⊙	Budino al cacao equosolidale
3	Pane e marmellata	Focaccia	Yogurt biologico	Pane e marmellata	Torta alle mele ⊙
4	Yogurt biologico	Pane e marmellata	Torta al cacao ⊙	Yogurt biologico	Focaccia

⊙ Con utilizzo di uovo biologiche

Numero verde 800 710 960
E-mail: parliamoci@milanoristorazione.it
Sito: www.milanoristorazione.it

SCUOLE DELL'INFANZIA, SCUOLE PRIMARIE E SECONDARIE DI PRIMO GRADO

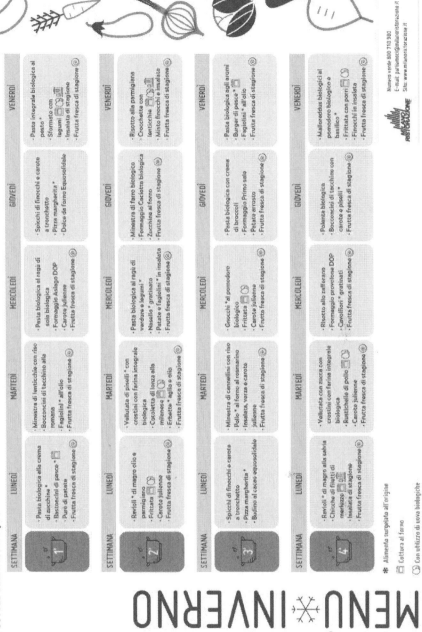

SETTIMANA 1

LUNEDÌ
- Pasta biologica alla crema di zucchine *
- Bastoncini di pesce * ▢
- Purè di patate
- Frutta fresca di stagione ◎

MARTEDÌ
- Minestra di lenticchie con riso
- Bocconcini di tacchino alla romana
- Fagiolini * all'olio
- Frutta fresca di stagione ◎

MERCOLEDÌ
- Pasta biologica al ragù di soia biologica
- Formaggio Asiago DOP
- Carote julienne
- Frutta fresca di stagione ◎

GIOVEDÌ
- Spicchi di finocchi e carote a tronchetto
- Pizza margherita *
- Dolce da forno Equosolidale

VENERDÌ
- Pasta integrale biologica al pesto *
- Sformato con legumi ▢ ◌ ✦
- Insalata di stagione
- Frutta fresca di stagione ◎

SETTIMANA 2

LUNEDÌ
- Ravioli * di magro olio e parmigiano
- Frittata ▢ ◌
- Carote julienne
- Frutta fresca di stagione ◎

MARTEDÌ
- Vellutata di piselli * con crostini con farina integrale biologica
- Cotoletta di lonza alla milanese ▢ ◌
- Erbette * neglio e olio
- Frutta fresca di stagione ◎

MERCOLEDÌ
- Pasta biologica al ragù di verdure e legumi *
- Nasello * gratinato
- Patate e fagiolini * in insalata
- Frutta fresca di stagione ◎

GIOVEDÌ
- Minestra di farro biologico
- Formaggio Caciotta biologica
- Zucchine al forno
- Frutta fresca di stagione ◎

VENERDÌ
- Risotto alla parmigiana
- Crocchetta con lenticchie ▢ ◌ ✦
- Misto finocchi e insalata
- Frutta fresca di stagione ◎

SETTIMANA 3

LUNEDÌ
- Spicchi di finocchi e carote a tronchetto
- Pizza margherita *
- Budino di cacao equosolidale

MARTEDÌ
- Minestra di cannellini con riso
- Pollo * al forno al rosmarino
- Insalata, varze e carote julienne
- Frutta fresca di stagione ◎

MERCOLEDÌ
- Gnocchi *al pomodoro biologico
- Frittata ▢ ◌
- Carote julienne
- Frutta fresca di stagione ◎

GIOVEDÌ
- Pasta biologica con crema di broccoli
- Formaggio Primo sale
- Patate arrosto
- Frutta fresca di stagione ◎

VENERDÌ
- Pasta biologica agli aromi
- Burger di pesce * ▢
- Fagiolini * all'olio
- Frutta fresca di stagione ◎

SETTIMANA 4

LUNEDÌ
- Ravioli * di magro alla salvia
- Chicche di filetti di merluzzo ▢ ◌
- Insalata di stagione
- Frutta fresca di stagione ◎

MARTEDÌ
- Vellutata con zucca con crostini con farina integrale biologica
- Rustichelle di pollo ▢ ◌
- Carote julienne
- Frutta fresca di stagione ◎

MERCOLEDÌ
- Risotto allo zafferano
- Formaggio provolone DOP
- Cavolfiori * gratinati
- Frutta fresca di stagione ◎

GIOVEDÌ
- Polenta biologica
- Bocconcini di tacchino con carote e piselli *
- Frutta fresca di stagione ◎

VENERDÌ
- Malloreddus biologici al pomodoro biologico e basilico *
- Frittata con porri ▢ ◌
- Finocchi in insalata
- Frutta fresca di stagione ◎

* Alimento surgelato all'origine
▢ Cottura al forno
◌ Con utilizzo di uova biologiche

MENU ❄ INVERNO

Numero verde 800 710 980
E-mail: parliamoci@milanoristorazione.it
Sito: www.milanoristorazione.it

199

MERENDA SCUOLE DELL'INFANZIA, SCUOLE PRIMARIE E SECONDARIE DI PRIMO GRADO

SETTIMANA	LUNEDÌ	MARTEDÌ	MERCOLEDÌ	GIOVEDÌ	VENERDÌ
1	· Pane e cioccolato	· Torta alle mele 🥚	· Yogurt biologico	· Pane e marmellata	· Focaccia

SETTIMANA	LUNEDÌ	MARTEDÌ	MERCOLEDÌ	GIOVEDÌ	VENERDÌ
2	· Pane e marmellata	· Yogurt biologico	· Focaccia	· Budino al cacao equosolidale	· Torta alle mele 🥚

SETTIMANA	LUNEDÌ	MARTEDÌ	MERCOLEDÌ	GIOVEDÌ	VENERDÌ
3	· Pane e marmellata	· Torta margherita 🥚	· Focaccia	· Pane e cioccolato	· Yogurt biologico

SETTIMANA	LUNEDÌ	MARTEDÌ	MERCOLEDÌ	GIOVEDÌ	VENERDÌ
4	· Yogurt biologico	· Focaccia	· Pane e marmellata	· Yogurt biologico	· Torta al cacao 🥚

🥚 Con utilizzo di uova biologiche

MENÙ ❄ INVERNO

Numero verde 800 710 980
E-mail: parliamoci@milanoristorazione.it
Sito: www.milanoristorazione.it

RISTORAZIONE

SETTIMANA numero	Lunedì	Martedì	Mercoledì	Giovedì	Venerdì	Sabato	Domenica
COLAZIONE							
MERENDA METÀ MATTINA							
PRANZO							
MERENDA POMERIGGIO							
CENA							

SETTIMANA numero .....

	Lunedì	Martedì	Mercoledì	Giovedì	Venerdì	Sabato	Domenica
COLAZIONE							
MERENDA METÀ MATTINA							
PRANZO							
MERENDA POMERIGGIO							
CENA							

	Lunedì	Martedì	Mercoledì	Giovedì	Venerdì	Sabato	Domenica
COLAZIONE							
MERENDA METÀ MATTINA							
PRANZO							
MERENDA POMERIGGIO							
CENA							

SETTIMANA numero .....

SETTIMANA numero .....

	Lunedì	Martedì	Mercoledì	Giovedì	Venerdì	Sabato	Domenica
COLAZIONE							
MERENDA METÀ MATTINA							
PRANZO							
MERENDA POMERIGGIO							
CENA							

BIBLIOGRAFIA E SITOGRAFIA

- https://www.who.int/
- www.onuitalia.it
- http://www.salute.gov.it/portale/home.html
- https://www.sip.it/
- www.inran.it
- https://www.autosvezzamento.it/
- https://www.susysafe.org/index.php?lang=it
- http://www.milanoristorazione.it/

- Linee di indirizzo nazionale per la ristorazione scolastica *(Ministero della Salute)*
- Linee Guida della Regione Lombardia per la ristorazione scolastica *(Regione Lombardia)*
- Le linee guida per l'elaborazione dei menù per la ristorazione scolastica – ASILO NIDO *(Dipartimento di Igiene e Prevenzione Sanitaria (DIPS) ATS Bergamo U.O.S. Igiene della Nutrizione)*
- Consigli alimentari per il pasto a casa *(Dipartimento di Igiene e Prevenzione Sanitaria (DIPS) ATS Bergamo U.O.S. Igiene della Nutrizione)*
- Le linee guida per l'elaborazione di menù privi di ogni alimento di origine animale per la ristorazione scolastica *(Dipartimento di Igiene e Prevenzione Sanitaria (DIPS) ATS Bergamo U.O.S. Igiene della Nutrizione)*
- Mangiar sano a scuola - Documento d'indirizzo per l'elaborazione dei menu nella ristorazione scolastica *(ATS Città Metropolitana)*
- "Io mi svezzo da solo! Dialoghi sullo svezzamento" di Lucio Piermarini
- "Un mondo di pappe" di Sara Honegger

Printed in Great Britain
by Amazon

66772710R00123